Contratación laboral

Ester Chicano Tejada

ic editorial

Contratación laboral
© Ester Chicano Tejada

1ª Edición

© IC Editorial, 2024

Editado por: IC Editorial
c/ Cueva de Viera, 2, Local 3
Centro Negocios CADI
29200 Antequera (Málaga)
Teléfono: 952 70 60 04
Fax: 952 84 55 03
Correo electrónico: iceditorial@iceditorial.com
Internet: www.iceditorial.com

ISBN: 978-84-1184-286-0
Depósito Legal: MA 1537-2024

Impresión: PODiPrint
Impreso en Andalucía – España

Nota de la editorial: IC Editorial pertenece a Innovación y Cualificación S. L.

Presentación del manual

El **Certificado de Profesionalidad** es el instrumento de acreditación, en el ámbito de la Administración laboral, de las cualificaciones profesionales del Catálogo Nacional de Cualificaciones Profesionales adquiridas a través de procesos formativos o del proceso de reconocimiento de la experiencia laboral y de vías no formales de formación.

El elemento mínimo acreditable es la **Unidad de Competencia.** La suma de las acreditaciones de las unidades de competencia conforma la acreditación de la competencia general.

Una **Unidad de Competencia** se define como una agrupación de tareas productivas específica que realiza el profesional. Las diferentes unidades de competencia de un certificado de profesionalidad conforman la **Competencia General,** definiendo el conjunto de conocimientos y capacidades que permiten el ejercicio de una actividad profesional determinada.

Cada **Unidad de Competencia** lleva asociado un **Módulo Formativo,** donde se describe la formación necesaria para adquirir esa **Unidad de Competencia,** pudiendo dividirse en **Unidades Formativas.**

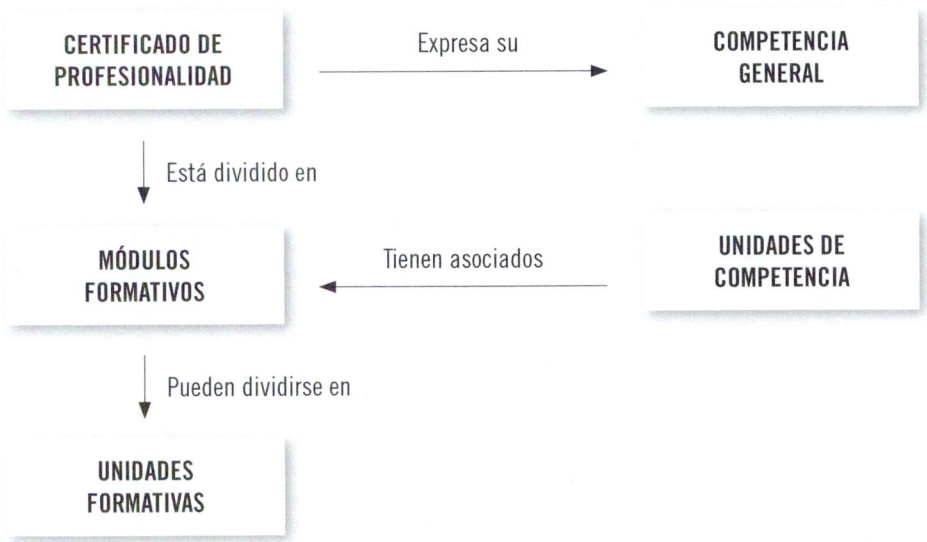

El presente manual desarrolla la Unidad Formativa **UF0341: Contratación Laboral,**

perteneciente al Módulo Formativo **MF0237_3: Gestión administrativa de las Relaciones Laborales,**

asociado a la unidad de competencia **UCO237_3: Realizar la gestión y control administrativo de recursos humanos,**

del Certificado de Profesionalidad **Gestión integrada de Recursos Humanos.**

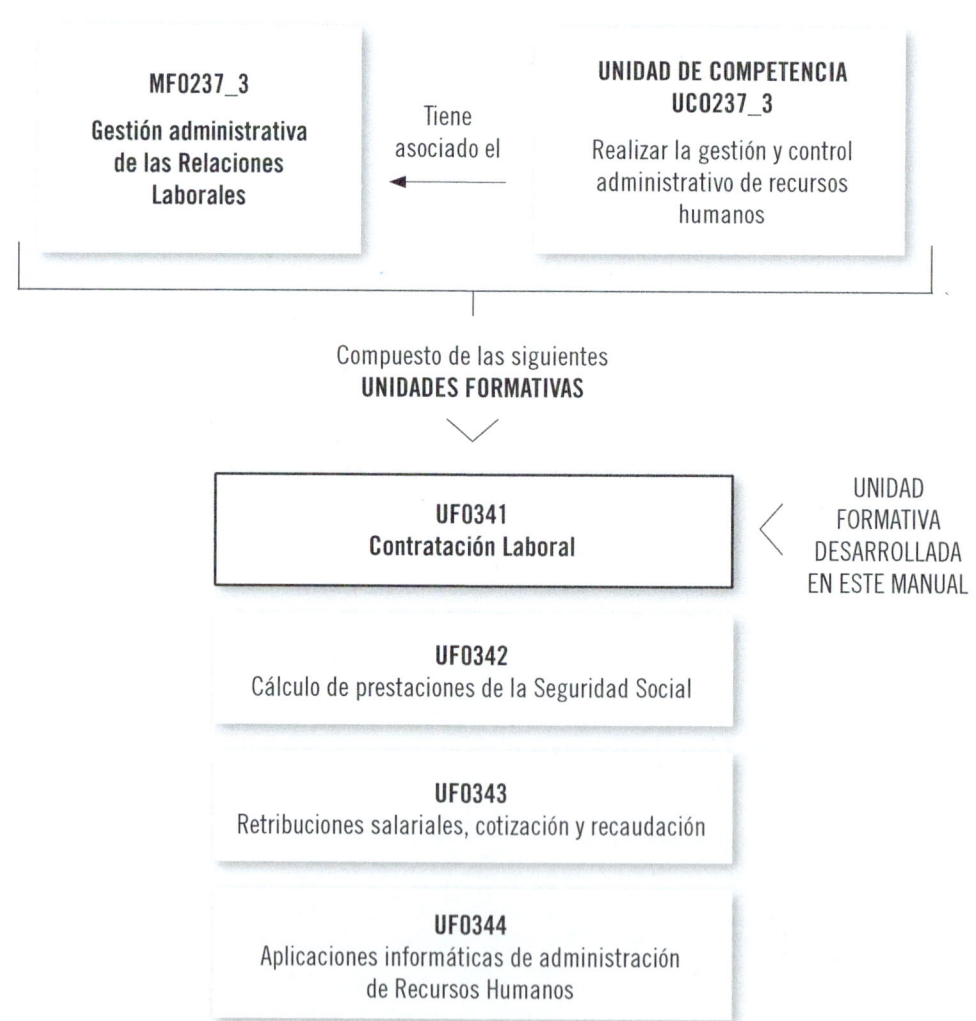

FICHA DE CERTIFICADO DE PROFESIONALIDAD

(ADGD0208) GESTIÓN INTEGRADA DE RECURSOS HUMANOS (R. D. 1210/2009, de 17 de julio, modificado por el R. D. 645/2011, de 9 de mayo)

COMPETENCIA GENERAL: Realizar la gestión administrativa de las actividades vinculadas a la administración de recursos humanos y de la información derivada en el marco de una organización, de acuerdo con los objetivos marcados, las normas internas establecidas y la legislación vigente.

Cualificación profesional de referencia	Unidades de competencia		Ocupaciones o puestos de trabajo relacionados:
ADG084_3 ADMINISTRACIÓN DE RECURSOS HUMANOS (R. D. 295/2004, modificado por R. D. 107/2008, de 1 de febrero)	UC0237_3	Realizar la gestión y control administrativo de recursos humanos	- 2412.001.4 Técnico superior de Recursos Humanos, en general - 2912.001.9 Técnico medio en Relaciones Laborales - 4011.003.5 Administrativo de personal - Administrativo del departamento de Recursos Humanos - Responsable de personal en PYME - Gestor de nóminas - Técnico de Recursos Humanos
	UC0238_3	Realizar el apoyo administrativo a las tareas de selección, formación y desarrollo de recursos humanos	
	UC0987_3	Administrar los sistemas de información y archivo en soporte convencional e informático	
	UC0233_2	Manejar aplicaciones ofimáticas en la gestión de la información y la documentación	

Correspondencia con el Catálogo Modular de Formación Profesional

Módulos certificado	Unidades formativas	Horas
MF0237_3: Gestión administrativa de las relaciones laborales	UF0341: Contratación Laboral	60
	UF0342: Cálculo de prestaciones de la Seguridad Social	30
	UF0343: Retribuciones salariales, cotización y recaudación	90
	UF0344: Aplicaciones informáticas de administración de Recursos Humanos	30
MF0238_3: Gestión de Recursos Humanos	UF0345: Apoyo administrativo a la gestión de Recursos Humanos	60
	UF0346: Comunicación efectiva y trabajo en equipo	60
	UF0044: Función del mando intermedio en la Prevención de Riesgos Laborales	30
MF0987_3: Gestión de sistemas de información y archivo	UF0347: Sistemas de archivo y clasificación de documentos	30
	UF0348: Utilización de las bases de datos relaciones en el sistema de gestión y almacenamiento de datos	90
	UF0319: Sistema operativo, búsqueda de la información: Internet/Intranet y correo electrónico	30
	UF0320: Aplicaciones informáticas de tratamiento de textos	30
MF0233_2: Ofimática	UF0321: Aplicaciones informáticas de hojas de cálculo	50
	UF0322: Aplicaciones informáticas de bases de datos relacionales	50
	UF0323: Aplicaciones informáticas para presentaciones: gráficas de información	30
MP0078: Módulo de prácticas profesionales no laborales		120

Índice

Capítulo 1
Legislación básica de aplicación en la relación laboral

1. Introducción   7
2. El derecho laboral y sus fuentes   7
3. La Constitución española   17
4. El Estatuto de los Trabajadores   29
5. Ley Orgánica de Libertad Sindical   43
6. Ley General de la Seguridad Social   48
7. Inscripción de las empresas en la Seguridad Social   53
8. Ley de Prevención de Riesgos Laborales   63
9. La negociación colectiva   70
10. Resumen   74
    Ejercicios de repaso y autoevaluación   77

Capítulo 2
Contratación de recursos humanos

1. Introducción   83
2. Organismos y órganos que intervienen en relación con el contrato
   de trabajo   83
3. El contrato de trabajo   102
4. Obligaciones con la Seguridad Social derivadas del contrato
   de trabajo   124
5. Resumen   136
   Ejercicios de repaso y autoevaluación   139

Capítulo 3
Modificación, suspensión y extinción de las condiciones de trabajo

1. Introducción   145
2. Modificación de las condiciones de trabajo   145
3. Suspensión del contrato de trabajo   160
4. Extinción del contrato de trabajo   175
5. Indemnizaciones en función del tipo de extinción del
   contrato practicado   187

6. Actuaciones ante la jurisdicción social en los distintos supuestos
de sanción, modificación y extinción del contrato 192
7. Resumen 208
Ejercicios de repaso y autoevaluación 211

Capítulo 4
Mantenimiento, control y actualización del fichero de personal

1. Introducción 217
2. La información al empleado 217
3. El expediente del trabajador 227
4. Las comunicaciones en la gestión administrativa del personal 242
5. Procedimientos de seguridad y control de asistencia 250
6. Resumen 256
Ejercicios de repaso y autoevaluación 259

Glosario 263

Bibliografía 267

Capítulo 1
Legislación básica de aplicación en la relación laboral

Contenido

1. Introducción
2. El derecho laboral y sus fuentes
3. La Constitución española
4. El Estatuto de los Trabajadores
5. Ley Orgánica de Libertad Sindical
6. Ley General de la Seguridad Social
7. Inscripción de las empresas en la Seguridad Social
8. Ley de Prevención de Riesgos Laborales
9. La negociación colectiva
10. Resumen

1. Introducción

Desde que España vive en una situación de democracia, la ley suprema española es la Constitución. Con su confección se pretendió establecer una legislación básica que permitiera proteger los derechos fundamentales de los ciudadanos, entre ellos el derecho al trabajo.

Además, debido a la globalización y a la modernización de la economía española, la legislación ha requerido una cierta adaptación al contexto actual, además de la elaboración y aprobación de otra normativa laboral adicional para añadir más protección, tanto al trabajador como al empresario.

Así, en los últimos años se han ido formulando distintas leyes que regulan la relación laboral entre trabajadores y empresarios con la finalidad de establecer un clima de paz y reflejar todas las posibles situaciones que pueden desarrollarse en este tipo de relación.

En este capítulo se tratará la normativa de carácter laboral más relevante en España: el Estatuto de los Trabajadores, la Ley Orgánica de Libertad Sindical, la Ley General de la Seguridad Social y la Ley de Prevención de Riesgos Laborales.

2. El derecho laboral y sus fuentes

El derecho del trabajo o derecho laboral (también denominado derecho social) es una rama del derecho que contiene los principios y normas jurídicas fundamentales para tutelar el trabajo productivo, libre y por cuenta ajena.

Si se ve desde un punto de vista legal, se puede definir el derecho laboral como el conjunto de normas jurídicas y principios elaborado con objeto de regular todo tipo de relación existente entre los empleados, empleadores, asociaciones sindicales y el Estado.

La regulación de la relación laboral entre trabajador y empleador comenzó a tomar importancia jurídica especial a partir de la segunda mitad del siglo XIX, debido a la necesidad de establecer un cierto orden público, político o de justicia social.

En España, el derecho laboral se originó entre los años 1919 y 1931, cuando se elaboró una legislación obrera relevante y se formularon los primeros códigos y normativas del derecho del trabajo.

No fue hasta 1980 cuando se promulgó el primer Estatuto de los Trabajadores con la promulgación de la Ley del Estatuto de los Trabajadores; ley que contenía los preceptos básicos regulativos de las relaciones laborales en España.

En 1995 se aprobó el Texto Refundido de la Ley del Estatuto de los Trabajadores (TRLET), en el que se incluían distintas modificaciones mencionadas en otras disposiciones legales y, a partir de entonces, se han ido incorporando más modificaciones y actualizaciones para adaptar la ley al contexto económico y social de cada época.

2.1. Las fuentes del derecho laboral

Las fuentes del derecho pueden considerarse como el origen de las distintas normas jurídicas y deben servir de orientación para determinar qué norma hay que aplicar en cada caso determinado.

Estas fuentes del derecho son múltiples y pueden ser tanto de carácter interno como de carácter externo. En el siguiente recuadro se puede observar de forma esquematizada las fuentes del derecho internas y externas relacionadas con el derecho laboral.

FUENTES INTERNAS O NACIONALES	FUENTES EXTERNAS O INTERNACIONALES
- Constitución, leyes y reglamentos - Convenios colectivos - Contratos de trabajo - Costumbre - Jurisprudencia - Principios generales del derecho	- Reglamentos y directivas de la Unión Europea (UE) - Convenios y recomendaciones de la OIT - Tratados o convenios internacionales - Jurisprudencia internacional

En lo referente a las fuentes internacionales, el Estado español asume una serie de obligaciones concernientes a su relación con otros países, organismos e instituciones.

Como resultado de estas obligaciones, se han incorporado al derecho español estas fuentes externas, cuya característica principal es su supremacía sobre el derecho nacional.

Como se puede observar en el esquema anterior, se puede distinguir entre cuatro tipos de fuentes internacionales:

- **Tratados internacionales:** estos tratados, para que pasen a formar parte del ordenamiento jurídico español, deben estar válidamente celebrados, aprobados y publicados en el Boletín Oficial del Estado (BOE).
- **Normativa proveniente de la Unión Europea:** los Estados que forman parte de la UE han creado una serie de instituciones comunes delegadas con la finalidad de tomar decisiones democráticas a escala europea, decisiones principalmente relacionadas con asuntos específicos de interés comunitario. Uno de sus fines principales es elevar el nivel de vida de todo empleado de cualquier Estado miembro y lograr una equiparación de las condiciones laborales de los diferentes países.
- **Normativa proveniente de la Organización Internacional del Trabajo (OIT):** la OIT tiene como finalidad la promoción de acciones internacionales para mejorar el nivel de vida de los trabajadores y las condiciones laborales de estos. También lleva a cabo tareas de asistencia y asesoramiento a aquellos países que lo soliciten.
- **Demás jurisprudencia de carácter internacional.**

 Definición

Organización Internacional del Trabajo
Organismo especializado que forma parte de la Organización de las Naciones Unidas que trata de proteger los derechos laborales fundamentales.

En relación a las fuentes internas, el artículo 3 del Texto Refundido de la Ley del Estatuto de los Trabajadores, menciona expresamente que:

> *Los derechos y obligaciones concernientes a la relación laboral se regulan:*
>
> *a. Por las disposiciones legales y reglamentarias del Estado.*
>
> *b. Por los convenios colectivos.*
>
> *c. Por la voluntad de las partes manifestada en el contrato de trabajo [...]*
>
> *d. Por los usos y costumbres locales y profesionales.*

El TRLET distingue también varios tipos de fuentes internas que se tratarán en los siguientes apartados:

- Constitución, leyes y reglamentos
- Convenios colectivos
- Contratos de trabajo
- Costumbre
- Jurisprudencia
- Principios generales del derecho

2.2. Las disposiciones legales y reglamentarias del Estado

Las fuentes del derecho laboral tienen una serie de características que las diferencia del resto del ordenamiento jurídico. Por un lado, dispone de una serie de fuentes del derecho comunes con el resto de la rama.

Sin embargo, por otra parte, dispone de varias fuentes específicas y exclusivas del derecho laboral:

- Convenios colectivos, elaborados gracias a la negociación colectiva.
- Contratos de trabajo.
- Usos y costumbres locales y profesionales.

 **Definición**

Jurisprudencia
Conjunto de criterios que manifiesta el Tribunal Supremo de forma reiterada en sus sentencias.

Las fuentes del derecho establecen la jerarquía de las normas, en la cual se definen qué normas prevalecen ante posibles contradicciones o ambigüedades.

La jerarquía normativa establecida en el Estado español es la siguiente:

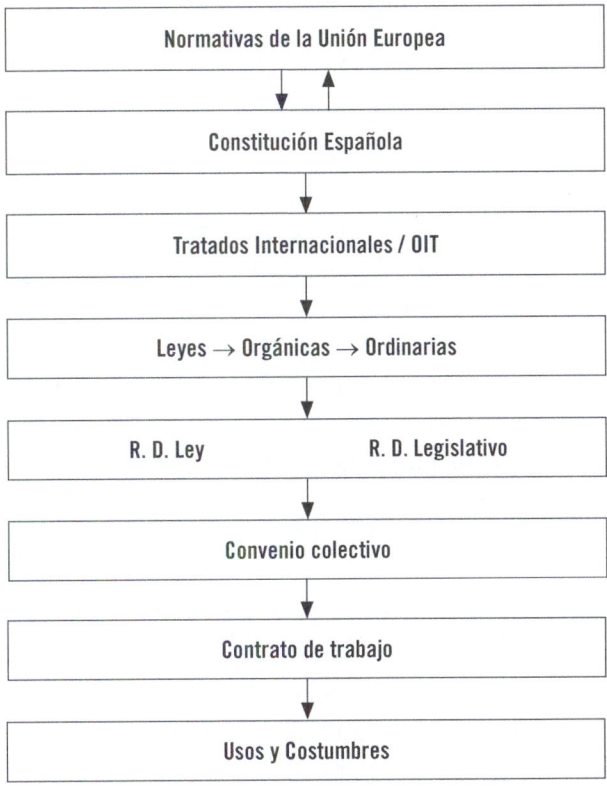

La normativa de la Unión Europea es directamente aplicable, aunque nunca puede contravenir la Constitución de 1978, que es la Ley fundamental del derecho español y de los demás miembros de la Unión. Tanto la normativa de la UE, como la de la OIT y demás Tratados Internacionales tienen prelación sobre la normativa y aplicación directa, siempre que previamente sean publicados en el Boletín Oficial del Estado (BOE).

El orden jerárquico laboral interno en España es el siguiente:

- Leyes, que pueden ser Orgánicas y Ordinarias.
- Actos del Gobierno con fuerza de Ley: Real Decreto Ley y Real Decreto Legislativo.
- Disposiciones reglamentarias, como Reales Decretos u Órdenes Ministeriales.
- Convenios Colectivos.
- Contratos de trabajo (o acuerdo entre las partes).
- Usos y costumbres del lugar, a los que se recurre como último recurso, en caso de lagunas legales.

Leyes

En términos generales, una ley es toda norma que esté dictada por la autoridad competente, con las formalidades debidas y de carácter estable, justo, común y suficientemente promulgado.

En España, el organismo que tiene la potestad de elaborar y aprobar las leyes son las Cortes Generales, formadas por el Congreso y el Senado, aunque en determinadas circunstancias el Gobierno también tiene capacidad para elaborar normas con rango de ley. Eso sí, toda norma con rango de ley debe estar elaborada bajo el control de las Cortes Generales.

Se puede distinguir entre dos tipos de leyes:

- **Leyes orgánicas:** son aquellas que regulan las materias relacionadas con los derechos fundamentales y las libertades públicas. También son leyes orgánicas las que aprueban los estatutos de autonomía de las comunidades autónomas y la Ley General Electoral. Dentro del ámbito laboral, se desarrolla mediante ley orgánica la libertad sindical.

- **Leyes ordinarias:** se trata de toda ley aprobada por las Cortes Generales que no tenga carácter de ley orgánica y que sea elaborada a través del procedimiento legislativo normal. Por ejemplo, una ley ordinaria es la Ley de Empleo.

Normas con rango de ley

Tienen el mismo nivel que las leyes, pero, en lugar de ser elaboradas por las Cortes Generales, las elabora el Gobierno bajo el control de las primeras. Bajo ningún concepto podrán tratar materias que deben regularse mediante leyes orgánicas.

Existen dos tipos de normas con rango de ley:

- **Decreto-ley:** es aquel que dicta el Gobierno solo en casos de urgente y extraordinaria necesidad. Se dictan de forma provisional y, desde su aprobación, el Parlamento cuenta con un plazo de treinta días naturales para derogarlos o convalidarlos.
- **Decretos legislativos:** se trata de leyes elaboradas por el Gobierno por delegación de la Asamblea legislativa a través de una ley de delegación.

Reglamentos

Los reglamentos están formados por el conjunto de normas generales dictadas por el Gobierno, siempre que no se trate de normas con rango de ley.

Estos también están ordenados jerárquicamente, atendiendo al rango que ostenta el órgano que las dicta. Así, se distingue entre (en orden jerárquico, de superior a inferior):

- **Real decreto:** dictado por el Consejo de Ministros.
- **Orden ministerial de la comisión delegada:** dictada por una comisión delegada.

- **Orden ministerial:** dictada por un ministro.
- **Instrucciones, circulares, etc.:** dictadas por los demás órganos de inferior rango.

 Actividades

1. Analice la evolución histórica de la Constitución española. ¿Por qué es la ley suprema?
2. Enumere las diferencias entre las leyes orgánicas y las leyes ordinarias.

2.3. Los convenios colectivos

El derecho a la negociación colectiva viene regulado en la Constitución española, concretamente en su artículo 37.1:

La ley garantizará el derecho a la negociación colectiva laboral entre los representantes de los trabajadores y empresarios, así como la fuerza vinculante de los convenios.

Aunque la negociación colectiva no necesita ninguna ley adicional que desarrolle lo estipulado en la Constitución para poder ser aplicada en los tribunales, se puede encontrar una regulación adicional en los artículos 82-92 del Estatuto de los Trabajadores.

A raíz de la negociación colectiva surgen los convenios colectivos. Se trata de normas redactadas a partir de un acuerdo entre los representantes de los trabajadores y los empresarios.

Se negocian por sectores de actividad y por niveles territoriales, por lo que tienen un ámbito de aplicación menor que las normas de carácter estatal. Además, en empresas de gran tamaño es muy común encontrar un convenio colectivo específico.

No obstante, existen varios tipos de relaciones entre lo estipulado en la ley y lo estipulado en los convenios colectivos:

- **Suplementariedad:** los convenios colectivos no pueden establecer peores condiciones laborales que las fijadas por ley. En otras palabras, los convenios colectivos, en todo caso, deben igualar o superar los tipos mínimos fijados por ley.
- **Supletoriedad:** la ley otorga soberanía a los convenios colectivos. Así, dichos convenios tienen la posibilidad de regular una materia siempre que se trate de puntos muy específicos que no estén regulados por la ley o por otra fuente colectiva; por ejemplo, el periodo de prueba.
- **Complementariedad:** la ley establece preceptos y condiciones de carácter general. Sin embargo, el convenio colectivo sirve como complemento a la regla general para completar los detalles de esta. Por ejemplo, los convenios regulan el salario base desglosado por categoría profesional, diferenciando por territorio y sector de actividad.
- **Dispositividad:** la ley viene configurada como dispositiva para los convenios colectivos, es decir, la ley termina remitiendo la regulación de una materia determinada a los convenios colectivos. La relación de remisión puede dar lugar a vacíos legales en aquellos casos en los que la ley remite al convenio y el convenio no contiene regulación suficiente.
- **Exclusión:** la ley excluye la intervención de los convenios colectivos en determinadas materias, de forma que la negociación colectiva no pueda entrar en estas. Un ejemplo se encuentra en la regulación de la edad mínima para acceder al trabajo, regulada en el artículo 6.1 del Estatuto de los Trabajadores.

De las relaciones entre la ley estatal y los convenios colectivos se deduce su principal ventaja: la capacidad de adaptación del convenio a las características de cada ámbito, adaptándose a las peculiaridades de cada sector, ámbito territorial o, incluso, de cada empresa.

2.4. La voluntad de las partes

La voluntad de los empresarios y los trabajadores está considerada también una fuente de derechos y obligaciones laborales y viene manifestada en el contrato de trabajo.

Eso sí, para que dicha voluntad se pueda considerar una fuente del derecho laboral, deberán cumplirse una serie de condiciones:

- Debe manifestarse en el contrato de trabajo.
- El objeto de la voluntad de las partes debe ser, en todo caso, lícito.
- En ningún caso, el objeto puede establecer el perjuicio del trabajador, unas condiciones laborales desfavorables, menos favorables o contrarias a lo estipulado en los convenios colectivos y en las disposiciones legales.

2.5. Los usos y costumbres locales y profesionales

El Estatuto de los Trabajadores, en el artículo 3.1.d), también menciona como fuentes del derecho laboral los usos y costumbres locales y profesionales.

Los usos y costumbres solo pueden aplicarse en caso de no haber regulación específica en las disposiciones legales, convencionales y contractuales. De esta estipulación se deduce que todo aquello estipulado en los contratos laborales tendrá prioridad ante los usos y costumbres, es decir, tiene carácter subsidiario.

La única excepción a esta prioridad se encuentra en aquellos casos en los que el uso o costumbre contemple una "remisión o recepción expresa" en la ley.

Algunos ejemplos de recepción o remisión expresa a los usos o costumbres se pueden encontrar en las materias siguientes:

- Liquidación y pago salariales.
- Preaviso en los casos de dimisión del trabajador.
- Diligencia y colaboración en el trabajo por parte del trabajador al empresario.

2.6. Los principios generales del derecho laboral

Los principios generales del derecho laboral o derecho del trabajo se suelen plasmar de forma general en la normativa sobre la materia y pueden definirse como una serie de valores universales que tienen como finalidad orientar y ayudar a la interpretación del sistema normativo, aportando claridad a los casos dudosos o a los vacíos legales.

Estos principios generales tienen dos aplicaciones fundamentales:

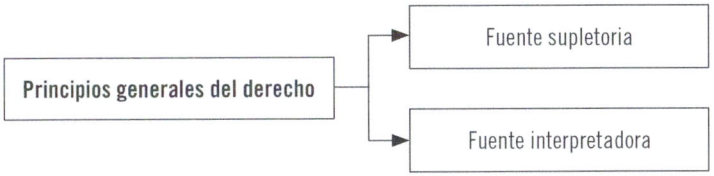

Por una parte, los principios generales se utilizan, como se acaba de comentar, en casos de vacío o laguna legal y no exista una jurisprudencia, uso o costumbre que pueda aplicarse. En otras palabras, los principios generales tienen carácter supletorio.

Por otra parte, los principios generales también se utilizan para interpretar más adecuadamente la jurisprudencia vigente, en situaciones de confusión o en el caso de existir varias interpretaciones posibles.

3. La Constitución española

La Constitución española fue aprobada por referéndum el 6 de diciembre de 1978 y es la norma básica y suprema del ordenamiento jurídico español. Se redactó por consenso entre todos los intereses existentes y prevalece sobre las demás leyes.

Es más, a partir de la Constitución está desarrollada la demás normativa, y cualquier otra ley o norma que se elabore debe respetar los preceptos de esta, a la que están sujetos todos los ciudadanos y los distintos poderes políticos.

La Constitución disfruta de una supremacía normativa en un doble plano:

- **Supremacía formal:** que manifiesta que la Constitución no se puede modificar ni derogar por cualquier otra ley.
- **Supremacía material:** que implica que el orden jurídico del Estado depende completamente de la Constitución. Es decir, la Constitución es el origen de toda actividad jurídica desarrollada en el Estado.

 Nota

Debido a su supremacía material, se considera a la Constitución como la norma o la ley fundamental.

La Constitución española está formada por 169 artículos y compuesta por un preámbulo, once títulos (un título preliminar y diez títulos numerados), cuatro disposiciones adicionales, nueve disposiciones transitorias, una disposición derogatoria y una disposición final.

Los diez títulos numerados que estructuran la parte principal de la Constitución son los siguientes:

- **Título I.** De los derechos y deberes fundamentales.
- **Título II.** De la Corona.
- **Título III.** De las Cortes Generales.
- **Título IV.** Del Gobierno y de la Administración.
- **Título V.** De las relaciones entre el Gobierno y las Cortes Generales.
- **Título VI.** Del poder judicial.
- **Título VII.** Economía y hacienda.
- **Título VIII.** De la organización territorial del Estado.
- **Título IX.** Del Tribunal Constitucional.
- **Título X.** De la reforma constitucional.

En relación al ámbito laboral, la Constitución refleja el contenido del derecho al trabajo en tres grandes bloques:

- Derechos fundamentales.
- Derechos y libertades de los ciudadanos, que no están considerados como fundamentales.
- Principios rectores de la política económica y social.

En la siguiente tabla se mencionan los derechos laborales contemplados en la Constitución divididos en los tres grandes bloques comentados arriba:

Derecho laboral en la Constitución española	
Derechos fundamentales	- Libertad para fundar sindicatos y derecho a la afiliación libre - Derecho a huelga - Derecho a no discriminación por razón de sexo, raza, religión, opinión o cualquier otra circunstancia personal o social
Derechos y libertades de los ciudadanos	- Derecho al trabajo - Derecho a la promoción a través del trabajo - Derecho a la libre elección de la profesión u oficio - Derecho a negociación colectiva - Derecho a un salario adecuado - Derecho a la libertad de empresa
Principios rectores de la política económica y social	- Mantener un régimen público de Seguridad Social - Elaboración de políticas encaminadas al pleno empleo - Garantizar la seguridad e higiene en el trabajo - Velar y garantizar el descanso laboral necesario - Adoptar medidas que fomenten la formación y readaptación profesional

 Actividades

3. ¿Cree que podría modificarse la Constitución? Justifique su respuesta.

3.1. Derecho de participación en la vida política, económica, cultural y social y garantías del principio de legalidad

En la Constitución se establecen los mecanismos suficientes para garantizar que los ciudadanos puedan participar libremente en la vida política, económica y cultural del país, concretamente en los artículos 20-25.

En relación al artículo 20, se reconocen y protegen los siguientes derechos relacionados con la libertad de expresión:

1. Expresar y difundir libremente los pensamientos e ideas y opiniones mediante la palabra, el escrito o cualquier otro medio de reproducción.

2. Producción y creación literaria, artística, científica y técnica.

3. Libertad de cátedra.

4. Comunicar o recibir libremente información veraz por cualquier medio de difusión. La ley regulará el derecho a la cláusula de conciencia y al secreto profesional en el ejercicio de estas libertades.

Además, la Constitución contempla expresamente que el ejercicio de estos derechos no puede ser restringido mediante ningún mecanismo de censura previa.

Por otra parte, en el artículo 22 se reconoce expresamente el derecho de asociación, a través del cual se estipula que las asociaciones deben ser inscritas en un registro a los solos efectos de publicidad y que solo pueden suspenderse o disolverse en virtud de resolución judicial motivada.

En su artículo 23, se regula el derecho a la participación en asuntos públicos, a través de la elección, directa o por representantes, en elecciones periódicas por sufragio universal. En otras palabras, la Constitución contempla el derecho a formar parte de la política, bien sea eligiendo a los representantes, bien sea siendo uno de ellos.

En relación al principio de legalidad, se trata de un principio fundamental del derecho público estrechamente ligado al principio de seguridad jurídica y contempla que todo ejercicio del poder público debe someterse a la voluntad de la ley y de su jurisdicción.

Concretamente, el principio de legalidad viene regulado en el artículo 25, en el que se establece lo siguiente:

1. *Nadie puede ser condenado o sancionado por acciones u omisiones que en el momento de producirse no constituyan delito, falta o infracción administrativa, según la legislación vigente en aquel momento.*

2. *Las penas privativas de libertad y las medidas de seguridad estarán orientadas hacia la reeducación y reinserción social y no podrán consistir en trabajos forzados. El condenado a pena de prisión que estuviere cumpliendo la misma gozará de los derechos fundamentales, a excepción de los que se vean expresamente limitados por el contenido del fallo condenatorio, el sentido de la pena y la ley penitenciaria. En todo caso, tendrá derecho a un trabajo remunerado y a los beneficios correspondientes de la Seguridad Social, así como al acceso a la cultura y al desarrollo integral de su personalidad.*

3. *La Administración civil no podrá imponer sanciones que, directa o subsidiariamente, impliquen privación de libertad.*

En otras palabras, los ciudadanos solo podrán ser condenados o sancionados si las acciones realizadas constituyen delito, falta o infracción administrativa en la legislación vigente; no hay carácter retroactivo. Por otra parte, se garantizan los derechos fundamentales para aquellos que hayan cometido algún delito y estén privados de libertad, siempre encaminados a su reinserción laboral y social.

 Actividades

4. Ponga ejemplos en los que un ciudadano ejerza el derecho a comunicar o recibir libremente información veraz.
5. Defina la libertad de cátedra y ponga ejemplos de su utilización.

3.2. El derecho al trabajo

En el artículo 35 de la Constitución española viene regulado el derecho al trabajo:

1. *Todos los españoles tienen el deber de trabajar y el derecho al trabajo, a la libre elección de profesión u oficio, a la promoción a través del trabajo y a una remuneración suficiente para satisfacer sus necesidades y las de su familia, sin que en ningún caso pueda hacerse discriminación por razón de sexo.*

2. *La ley regulará un estatuto de los trabajadores.*

Además del artículo 35, la Constitución establece una serie de medidas de protección de los derechos vinculados al trabajo contenidos en este:

- Existe la posibilidad de interponer un recurso de inconstitucionalidad contra las leyes y normas con fuerza de ley que vulneren el derecho al trabajo y los demás derechos contemplados en el artículo 35.
- El ejercicio del derecho al trabajo y de los demás derechos contemplados en el artículo 35 solo podrá regularse por ley.
- Está prohibida de forma expresa la adopción de decretos-leyes que puedan afectar al derecho al trabajo y a los contemplados en el artículo 35, incluso en circunstancias de extraordinaria y urgente necesidad.
- El artículo 35 vincula de forma directa a las Administraciones públicas.

Por otra parte, la Constitución también protege los derechos relacionados con el trabajo en los siguientes artículos:

El derecho al trabajo en la Constitución española	
Artículo 35	Se contempla el derecho al trabajo y al Estatuto de los Trabajadores
Artículo 7	Reconoce el papel de los sindicatos
Artículo 28	Reconoce el derecho a huelga

Continúa en página siguiente >>

<< Viene de página anterior

El derecho al trabajo en la Constitución española	
Artículo 37	Reconoce la negociación y los conflictos colectivos
Artículo 40	Regula la distribución de la renta, la formación profesional y la seguridad e higiene en el trabajo

El derecho al trabajo se considera un derecho "dinámico", es decir, varía atendiendo a las características y circunstancias particulares del sector, de la empresa y de las mismas personas. Por ello, contempla la necesidad de establecer una remuneración suficiente que cubra las necesidades propias de las personas sin que pueda haber, en ningún momento, discriminación por razón de sexo.

 Aplicación práctica

Juan está trabajando en la empresa Ventanales, S. L. desde hace más de un año. Debido a una etapa de malestar laboral en la sociedad, se ha decidido convocar una huelga general a nivel nacional. Juan quiere acogerse a la huelga, pero, al consultarlo con sus superiores, le han prohibido acogerse a la misma sin justificación alguna. ¿Es lícito dicho procedimiento? ¿Por qué? ¿Tiene Juan derecho a huelga?

SOLUCIÓN

El derecho a huelga es un derecho fundamental recogido en la Constitución española de 1978. Concretamente, se encuentra regulado en el artículo 28, en el que se indica expresamente lo siguiente:

"Se reconoce el derecho a la huelga de los trabajadores para la defensa de sus intereses. La ley que regule el ejercicio de este derecho establecerá las garantías precisas para asegurar el mantenimiento de los servicios esenciales de la comunidad".

Entonces, del artículo se deduce que, salvo que Juan tenga que ejercer su actividad laboral para asegurar el mantenimiento de los servicios esenciales de la comunidad, este tendrá derecho a huelga.

Continúa en página siguiente >>

<< Viene de página anterior

Por tanto, la empresa está actuando de forma completamente ilícita; no puede prohibir a Juan ejercer su derecho a huelga.

3.3. Ejercicio de profesiones tituladas y régimen de colegios profesionales

El ejercicio de las profesiones tituladas y el régimen de los colegios profesionales vienen regulados en el artículo 36 de la Constitución, en el que se menciona que:

La ley regulará las peculiaridades propias del régimen jurídico de los colegios profesionales y el ejercicio de las profesiones tituladas. La estructura interna y el funcionamiento de los colegios deberán ser democráticos.

Así, no se establece un modelo predeterminado de colegio profesional pudiendo configurarse cada uno de forma distinta siempre que, tal como manifiesta el artículo 36, su estructura interna y su funcionamiento sean democráticos.

Los colegios profesionales no deben considerarse asociaciones y tienen una particularidad en relación a las demás organizaciones: son corporaciones de derecho público que, aunque parezca contradictorio, ejercen funciones de naturaleza privada.

De forma suplementaria, los colegios profesionales disponen de un régimen jurídico propio: la Ley 2/1974, de 13 de febrero, sobre Colegios Profesionales. En su artículo 4, se regula su proceso de creación, fusión absorción, segregación, cambio de denominación y disolución del siguiente modo:

1. *La creación de colegios profesionales se hará mediante ley a petición de los profesionales interesados y sin perjuicio de lo que se dice en el párrafo siguiente.*

2. *La fusión, absorción, segregación, cambio de denominación y disolución de los colegios profesionales de la misma profesión será promovida por los propios colegios,*

de acuerdo con lo dispuesto en los respectivos estatutos, y requerirá la aprobación por decreto, previa audiencia de los demás colegios afectados.

3. Dentro del ámbito territorial que venga señalado a cada colegio no podrá constituirse otro de la misma profesión.

4. Cuando estén constituidos varios colegios de la misma profesión de ámbito inferior al nacional existirá un consejo general cuya naturaleza y funciones se precisan en el artículo 9.

5. No podrá otorgarse a un colegio denominación coincidente o similar a la de otros anteriormente existentes o que no responda a la titulación poseída por sus componentes o sea susceptible de inducir a error en cuanto a quiénes sean los profesionales integrados en el colegio.

6. Los colegios adquirirán personalidad jurídica desde que, creados en la forma prevista en esta ley, se constituyan sus órganos de gobierno.

En todo caso, según el artículo 1.3, las finalidades principales de los colegios profesionales son las siguientes:

- La ordenación del ejercicio de las profesiones.
- La representación institucional exclusiva de las mismas cuando estén sujetas a colegiación obligatoria.
- La defensa de los intereses profesionales de los colegiados.
- La protección de los intereses de los consumidores y usuarios de los servicios de sus colegiados.

3.4. La libertad de empresa y protección de su ejercicio

La libertad de empresa también está recogida en la Constitución, concretamente en su artículo 38:

Se reconoce la libertad de empresa en el marco de la economía de mercado. Los poderes públicos garantizan y protegen su ejercicio y la defensa de la productividad, de acuerdo con las exigencias de la economía general y, en su caso, de la planificación.

Los poderes públicos, por su parte, deben proteger el ejercicio de la libertad de empresa y promover las condiciones favorables para lograr un progreso económico y social, una distribución de la renta equitativa, una política de estabilidad económica y unas condiciones laborales seguras.

Para proteger la libertad de empresa, recogida en el artículo 38, la misma Constitución establece una serie de medidas de protección (tal y como se indica en la Sentencia del Tribunal Constitucional STC 80/1982):

■ Se permite la interposición de recursos de inconstitucionalidad contra las leyes y disposiciones normativas con fuerza de ley que vulneren dicha libertad: artículo 53.1 (que trata sobre la vinculación de los poderes públicos con los derechos y libertades fundamentales) y artículo 161.1.a) (que trata sobre el derecho de interposición de recursos de inconstitucionalidad) de la Constitución española.
■ Se trata de un derecho fundamental que solo se podrá regular por ley, respetando en todo caso su contenido esencial (regulado en el artículo 53.1 de la Constitución española, que habla de la vinculación de todos los poderes públicos con los derechos y libertades fundamentales).
■ Se prohíbe adoptar decretos-leyes que afecten a la libertad de empresa (del mismo modo que cualquier derecho, deber o libertad recogido en el título I de la Constitución).

Tal y como se puede observar, la Constitución reconoce la iniciativa privada dentro de la actividad económica, pero, bajo determinadas circunstancias y condiciones económicas y sociales, se limita la libertad de empresa.

3.5. La garantía de asistencia y prestaciones en situaciones de necesidad

Para garantizar la asistencia y las prestaciones en situaciones de necesidad, se han creado varios instrumentos de protección social:

■ Sistemas de Seguridad Social
■ Asistencia social
■ Servicios Sociales
■ Previsión social voluntaria

Concretamente, el artículo 41 de la Constitución establece que los poderes públicos deben mantener un régimen público de Seguridad Social para todos los ciudadanos, de modo que se garantice la asistencia y las prestaciones sociales suficientes cuando haya situaciones de necesidad, sobre todo en caso de desempleo. Sin embargo, las prestaciones y asistencia complementaria (es decir, fuera de las situaciones de necesidad) siguen siendo de carácter libre.

Las situaciones de necesidad pueden protegerse a través de tres niveles de protección:

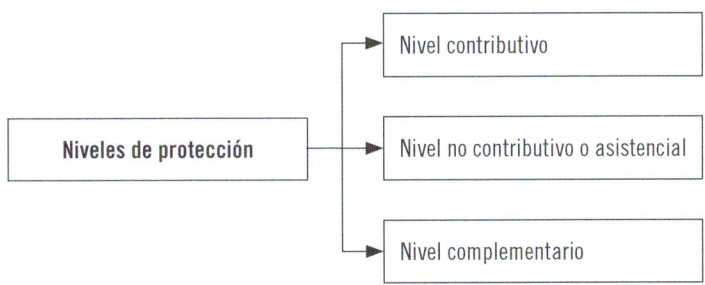

El nivel contributivo protege a aquellas personas que están incluidas en el campo de aplicación de la Seguridad Social por estar o haber realizado una actividad profesional. En este nivel están garantizadas las rentas que sustituyen al salario cuando este se deja de percibir por determinadas circunstancias. Las prestaciones en estos casos son proporcionales al salario percibido por el trabajador.

El nivel no contributivo, también denominado nivel asistencial, protege a aquellos que no han tenido vínculo profesional y que, en consecuencia, están excluidos del nivel contributivo y no disponen de suficientes recursos para cubrir sus necesidades. En estos casos, las cuantías no son proporcionales a ningún salario, sino que suelen ser de cuantía uniforme y actualizada anualmente.

Por último, el nivel complementario trata una protección libre y voluntaria. Puede complementar el nivel contributivo y el no contributivo, además de mejorar las prestaciones facilitadas por el sistema público. Son ejemplos de protección complementaria los fondos de pensiones, las mutualidades de previsión social o las mismas pólizas de seguro.

 Aplicación práctica

María, por circunstancias personales, no ha podido ejercer ningún trabajo y, por tanto, tampoco cotizar a la Seguridad Social. A pesar de ello, ¿el sistema de la Seguridad Social le ofrece algún tipo de protección? ¿Cuál?

SOLUCIÓN

El artículo 41 de la Constitución establece que los poderes públicos deben mantener un régimen público de Seguridad Social para todos los ciudadanos, de modo que se garantice la asistencia y las prestaciones sociales suficientes cuando haya situaciones de necesidad, sobre todo en caso de desempleo.

María no ha tenido ningún vínculo profesional y, en consecuencia, está excluida del nivel contributivo y se presume que no dispone de recursos suficientes para cubrir sus necesidades.

En este caso, María se encuentra en el nivel no contributivo de protección del sistema de la Seguridad Social y, probablemente, tendrá derecho a una prestación no contributiva de carácter fijo y actualizable anualmente.

3.6. Sometimiento pleno de las Administraciones públicas a las leyes y al derecho

El sometimiento pleno de las Administraciones públicas a las leyes y al derecho surge a raíz de la Revolución francesa como reacción contra el absolutismo. A partir de ahí, se establece que la soberanía deja de residir en el rey para pasar a residir en la Nación o en la voluntad general; la voluntad general se expresa a partir de la ley.

Como ya se ha comentado anteriormente, la ley es la manifestación suprema del poder político y somete a todos los ciudadanos de la Nación y a todos los órganos del Estado.

Por todo ello, la Administración pública debe actuar siempre con el sometimiento a la ley y al derecho, de modo que los ciudadanos pueden acudir a los tribunales en caso de incumplimiento.

Concretamente, el artículo 103.1 establece que:

La Administración pública sirve con objetividad los intereses generales y actúa de acuerdo con los principios de eficacia, jerarquía, descentralización, desconcentración y coordinación, con sometimiento pleno a la ley y al derecho.

Así, este artículo garantiza que las potestades administrativas no sean utilizadas con finalidades diferentes de aquellas que justificaron su creación y reconocimiento.

4. El Estatuto de los Trabajadores

El Estatuto de los Trabajadores está considerado como la ley suprema que regula toda relación laboral establecida entre trabajadores y empresarios, a la que deben atenerse todos los convenios colectivos. Es más, siempre que haya algún sector profesional que no disponga de convenio colectivo, deberá atenerse a lo que estipule el Estatuto de los Trabajadores.

La Ley del Estatuto de los Trabajadores fue promulgada en 1980 y no fue hasta 1995 cuando se aprobó el Texto Refundido de la Ley del Estatuto de los Trabajadores (TRLET) que, como ya se ha ido comentando a lo largo de la unidad, incorporaba modificaciones a la ley original para adaptarla a la situación económica y social.

La principal modificación del TRLET tuvo lugar en 2015, con el R. D. Legislativo 2/2015, de 23 de octubre, que modificó sustancialmente el Texto Refundido de la Ley del Estatuto de los Trabajadores, agrupando la distinta y dispersa normativa laboral en un solo texto, facilitando así su aplicación. Sin embargo, la última modificación importante del TRLET se produjo con la publicación, con carácter de urgencia en el año 2021, del Real Decreto Ley 32/2021 de 28 de diciembre, de medidas urgentes para la reforma laboral, la garantía de la estabilidad en el empleo y la transformación del mercado de trabajo, que si bien mantuvo íntegramente la estructura y los 92 artículos con que ya contaba, introdujo modificaciones relevantes, principalmente en el apartado de contratación laboral. Se modificaron en el Título I, principalmente los artículos 11, 15, 16, 47 y se añadió el 47bis. En cuanto al Título III, se modificaron los artículos del 84 y 86 y se añadieron, modificaron y derogaron algunas disposiciones adicionales.

En términos generales, el Estatuto de los Trabajadores incluye los derechos y los deberes de todo trabajador, además de mencionar el ámbito de aplicación, las exclusiones, las características de los contratos laborales y sus distintas modalidades. También hace hincapié en las negociaciones colectivas y en los sistemas de representación de los trabajadores.

Este estatuto se aplica concretamente a los trabajadores contratados por cuenta ajena, por lo que los autónomos quedan excluidos de su ámbito de aplicación.

De todo ello, se puede deducir que este estatuto, junto con los convenios colectivos, son las herramientas fundamentales para garantizar la protección del trabajador.

El Estatuto del Trabajador está estructurado en cuatro títulos que, a su vez, incluyen capítulos, secciones y, finalmente, los artículos; tal como se muestra en la siguiente tabla:

ESTATUTO DE LOS TRABAJADORES

Título I. De la relación individual de trabajo

Capítulo I. Disposiciones generales

- Sección primera. Ámbito y fuentes
- Sección segunda. Derechos y deberes laborales básicos
- Sección tercera. Elementos y eficacia del contrato de trabajo
- Sección cuarta. Modalidades del contrato de trabajo

Capítulo II. Contenido del contrato de trabajo

- Sección primera. Duración del contrato
- Sección segunda. Derechos y deberes derivados del contrato
- Sección tercera. Clasificación profesional y promoción en el trabajo
- Sección cuarta. Salarios y garantías salariales
- Sección quinta. Tiempo de trabajo

Capítulo III. Modificación, suspensión y extinción del contrato de trabajo

- Sección primera. Movilidad funcional y geográfica
- Sección segunda. Garantías por cambio de empresario
- Sección tercera. Suspensión del contrato
- Sección cuarta. Extinción del contrato
- Sección quinta. Procedimiento concursal

Capítulo IV. Faltas y sanciones de los trabajadores
Capítulo V. Plazos de prescripción

- Sección primera. Prescripción de acciones derivadas del contrato
- Sección segunda. Prescripción de las infracciones y faltas

Título II. De los derechos de representación colectiva y de reunión de los trabajadores en la empresa

Capítulo I. Del derecho de representación colectiva

- Sección primera. Órganos de representación
- Sección segunda. Procedimiento electoral

Capítulo II. Del derecho de reunión

Título III. De la negociación colectiva y de los convenios colectivos

Capítulo I. Disposiciones generales

- Sección primera. Naturaleza y efectos de los convenios
- Sección segunda. Legitimación

Capítulo II. Procedimiento

- Sección I. Tramitación, aplicación e interpretación
- Sección II. Adhesión y extensión

Continúa en página siguiente >>

<< Viene de página anterior

ESTATUTO DE LOS TRABAJADORES
DISPOSICIONES ADICIONALES
DISPOSICIONES TRANSITORIAS
DISPOSICIÓN DEROGATORIA ÚNICA
DISPOSICIONES FINALES

Debido a su alta relevancia, en los próximos subapartados se comentará detalladamente el contenido del Estatuto de los Trabajadores.

 Actividades

6. Compare el nuevo Texto Refundido de la Ley del Estatuto de los Trabajadores con el antiguo. ¿Se han mejorado las condiciones laborales? ¿Echa en falta algún aspecto esencial? Justifique su respuesta.

4.1. De la relación individual del trabajo

La relación individual del trabajo, tal como indica el artículo 1 del Estatuto de los Trabajadores (ET), será aplicable a:

Trabajadores que voluntariamente presten sus servicios retribuidos por cuenta ajena y dentro del ámbito de organización y dirección de otra persona, física o jurídica, denominada empleador o empresario.

Asimismo, el ET considera empresarios a "todas las personas, físicas o jurídicas, o comunidades de bienes que reciban la prestación de servicios de las personas referidas en el apartado anterior, así como de las personas contratadas para ser cedidas a empresas usuarias por empresas de trabajo temporal legalmente constituidas".

Del ámbito de aplicación y la definición de empresario se deduce que la relación individual del trabajo establece una relación única entre trabajador y empresario, a través de la cual el trabajador desempeña una serie de tareas acordadas en un contrato laboral y, a cambio, el empresario le retribuye en función a lo estipulado en dicho contrato.

A lo largo de los 60 primeros artículos del ET se establecen los distintos supuestos bajo los cuales puede darse esta relación individual de trabajo entre empresa y trabajador, incluyendo los derechos y deberes de cada una de las partes y las distintas formas de plasmarlos en un contrato laboral que será de obligado cumplimiento por estas, salvo excepciones y hasta la finalización del plazo estipulado en este.

Concretamente, el título primero del TRLET se denomina "De la relación individual de trabajo" y recoge los primeros 60 artículos de la ley, articulados en 5 capítulos.

La primera parte del ET trata las cuestiones generales de la relación laboral entre empresario y trabajador; el segundo capítulo habla del contenido formal de los distintos contratos laborales; el tercero estipula las circunstancias y la forma en la que se permite modificar, suspender y extinguir el contrato; el cuarto capítulo trata las faltas y sanciones: y el último habla de los periodos de prescripción de los contratos.

4.2. De los derechos y deberes de las partes

Los derechos y deberes derivados del contrato de trabajo se encuentran regulados en el título I del Estatuto de los Trabajadores, concretamente dentro del capítulo II, sección 2ª, en los artículos 17 a 21.

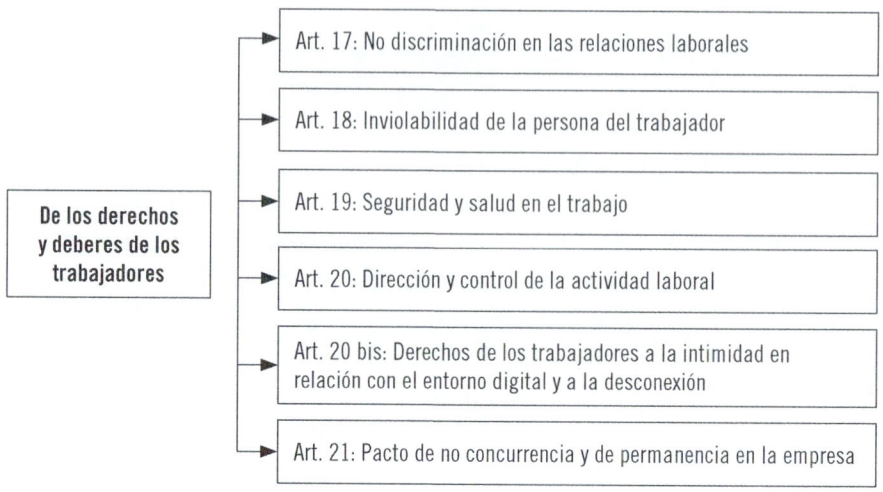

El **artículo 17,** denominado "No discriminación en las relaciones laborales", tiene como finalidad evitar la discriminación de los trabajadores por razón de sexo, origen y edad, entre otros. De hecho, en su punto 1, se menciona expresamente lo siguiente:

Se entenderán nulos y sin efecto los preceptos reglamentarios, las cláusulas de los convenios colectivos, los pactos individuales y las decisiones unilaterales del empresario que den lugar en el empleo, así como en materia de retribuciones, jornada y demás condiciones de trabajo, a situaciones de discriminación directa o indirecta, desfavorables por razón de edad o discapacidad o a situaciones de discriminación directa o indirecta por razón de sexo, origen, incluido el racial o étnico, estado civil, condición social, religión o convicciones, ideas políticas, orientación e identidad sexual, expresión de género, características sexuales, adhesión o no a sindicatos y a sus acuerdos, vínculos de parentesco con personas pertenecientes o relacionadas con la empresa y lengua dentro del Estado español.

No obstante, se permite la adopción de medidas para fomentar el empleo de grupos específicos de trabajadores que encuentren dificultades para acceder al empleo y el establecimiento de medidas de acción positiva para favorecer el acceso de las mujeres a todas las profesiones.

El **artículo 18,** llamado "Inviolabilidad de la persona del trabajador", protege la dignidad e intimidad del trabajador, permitiendo los registros sobre la persona del trabajador, sus taquillas y efectos particulares solo cuando sea necesario para proteger el patrimonio empresarial y el de los demás trabajadores de la empresa. Solo se podrán realizar dichos registros en el centro de trabajo y en horario de trabajo y se deberá contar con la asistencia del representante legal de la empresa o, en caso de no haberlo, de otro trabajador de la misma.

En relación al **artículo 19,** "Seguridad y salud en el trabajo", se tratan los derechos del trabajador a disponer de una protección eficaz en materia de seguridad e higiene. No obstante, también se obliga al trabajador a observar las medidas legales y reglamentarias, y deberá ser formado adecuadamente por parte de la empresa, sin coste alguno para el trabajador.

Así, en el momento en el que los órganos internos de la empresa en materia de seguridad y los representantes legales de la misma observen alguna probabilidad de accidente serio y grave, causada por la falta de observación de la legislación aplicable en la materia, deberán requerir al empresario por escrito la adopción de las medidas necesarias para hacer desaparecer dicho riesgo.

El **artículo 20,** "Dirección y control de la actividad laboral", estipula la obligación del trabajador para realizar el trabajo convenido, bajo la dirección del empresario o de su delegado. Además, también menciona los derechos del empresario en aquellos casos en los que el trabajador incumpla lo convenido en su contrato laboral, así como el derecho del empresario a verificar el estado de enfermedad o de accidente del trabajador.

El **artículo 20 bis,** "Derechos de los trabajadores a la intimidad en relación con el entorno digital y a la desconexión" recoge el derecho a la intimidad que ampara a los trabajadores en relación con la utilización de dispositivos digitales, de videovigilancia y geolocalización, facilitados por el empresario; así como, el derecho a la desconexión digital.

Finalmente, el **artículo 21,** "Pacto de no concurrencia y de permanencia en la empresa", habla de aquellos casos en los que el trabajador no puede efectuar la prestación laboral para varios empresarios, siempre que se estime concurrencia desleal o cuando se pacte la dedicación plena mediante compensación económica expresa. Regula tanto los casos en los que el trabajador, mantiene una relación laboral con la empresa como aquellos casos en los que el pacto de no concurrencia, sigue vigente aun cuando se finalizó la relación.

El Estatuto de los Trabajadores también regula los derechos y deberes laborales básicos de los trabajadores, en los artículos 4 y 5, respectivamente.

Así, se considera que los trabajadores tienen como derechos básicos los siguientes:

- Trabajo y libre elección de profesión u oficio.
- Libre sindicación.
- Negociación colectiva.
- Adopción de medidas de conflicto colectivo.
- Huelga.
- Reunión.
- Información, consulta y participación en la empresa.

Respecto a la relación de trabajo, también tendrán derecho a:

- La ocupación efectiva.
- La promoción y formación profesional en el trabajo.
- No ser discriminados directa o indirectamente para el empleo.
- Su integridad física y a una adecuada política de prevención de riesgos laborales.
- Respeto de su intimidad y a la consideración debida a su dignidad.
- Percepción puntual de la remuneración pactada.
- Ejercicio individual de las acciones derivadas de su contrato laboral.
- Otros derechos derivados específicamente del contrato.

Por otra parte, y como contrapartida, el trabajador tiene los siguientes deberes básicos:

- Cumplir con las obligaciones de su puesto de trabajo.
- Observar las medidas de prevención de riesgos laborales adoptadas.
- Cumplir las órdenes e instrucciones del empresario, siempre en el ejercicio de sus facultades directivas.
- No concurrir con la actividad de la empresa.
- Contribuir a la mejora de la productividad.
- Otros deberes derivados de los respectivos contratos de trabajo.

4.3. De la representación colectiva y de los convenios colectivos

Los derechos relacionados con la representación colectiva y con los convenios colectivos vienen regulados en el título II del Estatuto de los Trabajadores, concretamente en los artículos 61 a 81, donde se regula, además, el derecho a reunión de los trabajadores.

El artículo 61 manifiesta expresamente que:

De conformidad con lo dispuesto en el artículo 4 de esta ley y sin perjuicio de otras formas de participación, los trabajadores tienen derecho a participar en la empresa a través de los órganos de representación regulados en este título.

Los artículos contemplados en este título tienen como objeto fundamental dar efectividad al derecho de participación de los trabajadores de la empresa a través de sus representados.

Los artículos 62 y 63 estipulan que el derecho a participar de los trabajadores en la empresa está articulado a través de:

- **Delegados de personal:** se trata de la representación de los trabajadores en la empresa o en el centro de trabajo, siempre que estos tengan más de diez trabajadores y menos de cincuenta. No obstante, también se permite la existencia de delegados de personal en empresas o centros que tengan entre seis y diez trabajadores, siempre que así se decidiese por mayoría. Hasta treinta trabajadores corresponde un delegado y, de treinta y uno a cuarenta y nueve trabajadores, tres delegados.
- **Comité de empresa:** se trata del órgano representativo de los trabajadores de una empresa o centro de trabajo, para aquellos cuyo censo sea igual o superior a los cincuenta trabajadores.

El número de miembros del comité de empresa varía en función al tamaño de la empresa. De hecho, el artículo 66 menciona el número concreto de miembros que debe tener el comité atendiendo a la siguiente escala:

De 50 a 100 trabajadores:	Cinco

De 101 a 250 trabajadores:	Nueve

De 251 a 500 trabajadores:	Trece

De 501 a 750 trabajadores:	Diecisiete

De 751 a 1.000 trabajadores:	Veintiuno

De 1.000 en adelante:	Dos por cada mil o fracción con un máximo de setenta y cinco

Asimismo, el comité de empresa o centro de trabajo deberá elegir entre sus miembros un presidente y un secretario del comité. Además, deben también elaborar un reglamento propio de procedimiento y remitir dos copias: una a la autoridad laboral y otra a la empresa.

En relación a los comités de empresa, el artículo 64 del Estatuto de los Trabajadores regula sus derechos de información y consulta, además de las competencias que tienen asignadas.

Así, estos tienen derecho a ser informados y consultados por el empresario sobre toda cuestión que pueda afectar a los trabajadores que representa, además de la situación de la empresa y de la evolución del empleo en esta para que pueda intercambiar opiniones e iniciar un diálogo con el empresario en relación a dicha cuestión.

En este sentido, el comité de empresa debe ser informado con carácter trimestral sobre los siguientes aspectos:

- Evolución general del sector económico de la empresa.
- Situación económica de la empresa y evolución reciente y probable de sus actividades.
- Previsiones de celebración de nuevos contratos del empresario, debiéndose indicar la cantidad de estos, modalidades y tipos que se utilizarán.
- Estadísticas sobre los siguientes aspectos:

1. Índice de absentismo y causas.
2. Accidentes de trabajo y enfermedades profesionales y sus consecuencias.
3. Índices de siniestralidad.
4. Estudios periódicos o especiales del medioambiente laboral.
5. Mecanismos de prevención utilizados.

Además, con carácter anual como mínimo, el comité tendrá derecho a ser informado sobre la aplicación en la empresa del derecho de igualdad de trato y oportunidades entre mujeres y hombres (proporción de mujeres y hombres en los niveles profesionales, medidas de fomento de la igualdad adoptadas, aplicación de un plan de igualdad, etc.).

Por otra parte, el comité también tendrá derecho a ser informado sobre los siguientes aspectos con la periodicidad que proceda en cada caso:

- Balance, cuenta de resultados, memoria y otros documentos que se den a conocer a los socios, cuando proceda.
- Modelos de contrato de trabajo escrito utilizados en la organización y documentos relacionados con la extinción de la relación laboral.
- Sanciones impuestas por faltas muy graves.
- Parámetros, reglas e instrucciones de los algoritmos o sistemas de inteligencia artificial sobre las condiciones de trabajo, el acceso y mantenimiento del empleo y la elaboración de perfiles.

En materia laboral, dicho comité tiene también derecho a obtener una copia básica de los contratos, las notificaciones de sus prórrogas y las denuncias correspondientes en un plazo inferior a los diez días siguientes de su materialización.

Además de ser informado, el comité también tendrá derecho a ser consultado sobre los siguientes aspectos:

- Situación y estructura del empleo en la empresa y evolución probable de este.
- Decisiones de la empresa que puedan ocasionar cambios relevantes en la organización del trabajo y en los contratos de trabajo.

- Adopción de eventuales medidas preventivas, especialmente en caso de riesgo para el empleo.

Asimismo, tendrá derecho a emitir un informe, anterior a la ejecución de las decisiones tomadas por el empresario, sobre los siguientes aspectos:

- Reestructuraciones de plantilla y ceses totales o parciales, definitivos o temporales.
- Reducciones de jornada.
- Traslado total o parcial de las instalaciones.
- Procesos de fusión, absorción o modificación del estatus jurídico de la empresa que pueda afectar al volumen de empleo.
- Planes de formación profesional.
- Implantación y revisión de sistemas de organización y control del trabajo, estudios de tiempos, sistemas de primas e incentivos y valoración de puestos de trabajo.

Toda esta información deberá ser facilitada por el empresario en un momento, de una forma y con un contenido apropiado, de modo que los representantes de los trabajadores puedan examinarla de forma adecuada y preparar, cuando proceda, la consulta y el informe.

En relación a la consulta, deberá llevarse a cabo también de una forma y con un contenido apropiado, de modo que los representantes de los trabajadores puedan reunirse con el empresario, obtener una respuesta justificada al informe y así contrastar sus opiniones al respecto y poder alcanzar un acuerdo sobre las cuestiones planteadas.

En cualquier caso, la consulta debe permitir que el empresario pueda conocer el criterio del comité en el momento de adoptar o ejecutar las decisiones.

Por último, cuando proceda la emisión de un informe, el comité deberá elaborarlo en un plazo máximo de quince días desde su solicitud y una vez remitidas las informaciones pertinentes.

Para desarrollar sus funciones y cumplir los acuerdos celebrados con los trabajadores, los representantes de estos disponen de distintos recursos materiales:

- Tablón de anuncios como medio de comunicación y de emisión de notificaciones a los trabajadores.
- Local o recinto habilitado para las reuniones de los representantes sindicales, la empresa y los trabajadores.
- Horas mensuales retribuidas para los miembros del comité de empresa y los delegados de personal, para el ejercicio de sus funciones de representación. La cantidad de horas mensuales retribuidas por representante se establece en función de los trabajadores de la empresa o centro de trabajo.

 Aplicación práctica

Indique cuántos delegados de personal o miembros del comité de empresa tendrá cada una de las siguientes empresas: Galletas Pamplona, S. L., con quince trabajadores, Galletas Marina, S. L., con seiscientos trabajadores, y Galletas Montaña, S. A., con tres mil trabajadores.

SOLUCIÓN

La empresa Galletas Pamplona, S. L. tiene más de diez trabajadores, pero menos de cincuenta, por lo que le corresponderá un delegado de personal (tiene menos de treinta trabajadores).

La empresa Galletas Marina, tiene seiscientos trabajadores, por lo que deberá tener un comité de empresa. Según el artículo 66, le corresponde un comité formado por diecisiete miembros.

Por último, la empresa Galletas Montaña S. A. tiene tres mil trabajadores y deberá tener también un comité de empresa. Además de los veintiún miembros, le corresponden dos por cada mil trabajadores, por lo que tendrá veinticinco miembros.

4.4. De la negociación colectiva

El título III del Estatuto de los Trabajadores está dedicado a la regulación de la negociación y de los convenios colectivos, concretamente en los artículos 82 a 92.

Atendiendo al artículo 82:

1. *Los convenios colectivos, como resultado de la negociación desarrollada por los representantes de los trabajadores y de los empresarios, constituyen la expresión del acuerdo libremente adoptado por ellos en virtud de su autonomía colectiva.*

2. *Mediante los convenios colectivos, y en su ámbito correspondiente, los trabajadores y empresarios regulan las condiciones de trabajo y de productividad; igualmente podrán regular la paz laboral a través de las obligaciones que se pacten.*

Hay numerosos tipos de convenios colectivos, atendiendo a varias clasificaciones que se irán comentando en puntos posteriores. No obstante, sea como sea el convenio, el artículo 85 define el contenido mínimo que estos deben contener:

- Determinación de las partes que los conciertan.
- Ámbito personal, funcional, territorial y temporal.
- Procedimientos para solventar de manera efectiva las discrepancias que puedan surgir para la no aplicación de las condiciones de trabajo adaptando, en su caso, los procedimientos que se establezcan a este respecto en los acuerdos interprofesionales de ámbito estatal o autonómico.
- Forma y condiciones de denuncia del convenio, así como plazo mínimo para dicha denuncia antes de finalizar su vigencia.
- Designación de una comisión paritaria de la representación de las partes negociadoras para entender de aquellas cuestiones establecidas en la ley y de cuantas otras le sean atribuidas, así como establecimiento de los procedimientos y plazos de actuación de esta comisión, incluido el sometimiento de las discrepancias producidas en su seno a los sistemas no judiciales de solución de conflictos establecidos mediante acuerdos interprofesionales de ámbito estatal o autonómico.

Además de los contenidos básicos, los convenios colectivos pueden contener procedimientos de carácter laboral como, por ejemplo, los procesos de mediación o arbitraje, como solución ante conflictos y/o discrepancias entre trabajador y empresario.

Actividades

7. Busque un convenio colectivo vigente de un sector de actividad de su interés y analice sus partes.
8. Encuentre un convenio colectivo vigente cuyo contenido considere obsoleto.

5. Ley Orgánica de Libertad Sindical

El derecho a la libertad sindical viene regulado en el artículo 28.1 de la Constitución española, reconociéndolo como un derecho fundamental de "todos a sindicarse libremente".

Por ello, este derecho es uno de los ejes y puntos fundamentales de cualquier sistema democrático en el que se presenten relaciones de carácter laboral.

No por tratarse de un derecho fundamental significa que sea de fácil aplicación y estructura. Todo lo contrario; aunque se trata de un derecho de imprescindible conocimiento por parte de los trabajadores, empresas y derechos sociales, tiene una estructura realmente compleja que se materializa en la Ley Orgánica 11/1985, de 2 de agosto, de Libertad Sindical (LOLS).

La Ley Orgánica de Libertad Sindical está formada por quince artículos (repartidos en cinco títulos), cuatro disposiciones adicionales, una disposición derogatoria y tres disposiciones finales:

LEY ORGÁNICA 11/1985 DE LIBERTAD SINDICAL

- **Título primero.** De la libertad sindical (arts. 1-3)
- **Título segundo.** Del régimen jurídico sindical (arts. 4 y 5)
- **Título tercero.** De la representatividad sindical (arts. 6 y 7)
- **Título cuarto.** De la acción sindical (arts. 8-11)

Continúa en página siguiente >>

<< Viene de página anterior

LEY ORGÁNICA 11/1985 DE LIBERTAD SINDICAL

- **Título quinto.** De la tutela de la libertad sindical y
  represión de las conductas antisindicales (arts. 12-15)
- Disposiciones **adicionales**
- Disposición **derogatoria**
- Disposiciones **finales**

A lo largo de los siguientes subapartados se tratará el contenido de los distintos títulos que forman parte de esta ley.

5.1. Acción sindical

Como se puede observar en el esquema anterior, la acción sindical viene regulada en título IV "De la acción sindical", de la Ley Orgánica de Libertad Sindical. En este se recogen las distintas facultades, competencias y garantías que fueron introducidas en España a raíz del Acuerdo Marco Interconfederal.

El artículo 8 describe los derechos de los trabajadores que se encuentran afiliados a un sindicato:

1. *Los trabajadores afiliados a un sindicato podrán, en el ámbito de la empresa o centro de trabajo:*

   a. *Constituir secciones sindicales de conformidad con lo establecido en los estatutos del sindicato.*

   b. *Celebrar reuniones, previa notificación al empresario, recaudar cuotas y distribuir información sindical, fuera de las horas de trabajo y sin perturbar la actividad normal en la empresa.*

   c. *Recibir la información que le remita su sindicato.*

Además, se comentan expresamente los derechos de las acciones sindicales de los sindicatos más representativos y de aquellos que tengan representación en los comités de empresa o cuenten con delegados de personal. Cabe destacar el derecho a disponer de un tablón de anuncios para facilitar la difusión de avisos de interés a los afiliados, la negociación colectiva y la utilización de un local en empresas o centros de trabajo con más de 250 trabajadores.

El artículo 9, por su parte, habla de los derechos de los cargos electivos a nivel provincial, autonómico o estatal en las organizaciones sindicales más representativas (disfrutar permisos no retribuidos, excedencia forzosa, etc.).

El artículo 10 trata de la composición y formación de los comités de empresa y de los órganos de representación, debiendo ser elegidos por y entre sus afiliados en la empresa o en el centro de trabajo.

Por último, el artículo 11 habla de la gestión económica de los sindicatos. En los mismos convenios colectivos se permite el establecimiento de cláusulas por las que los trabajadores, incluidos en su ámbito de aplicación, atiendan económicamente la gestión de los sindicatos representados en la comisión negociadora.

Así, se puede fijar un canon económico y regular las modalidades en el mismo convenio colectivo. Sea como fuere, se respeta en todo caso la voluntad individual del trabajador, que deberá expresarse siempre por escrito en forma y plazos determinados en la negociación colectiva.

5.2. Régimen jurídico

El título II de la LOLS regula cómo los sindicatos pueden adquirir personalidad jurídica, así como el régimen de responsabilidades de los mismos, declarando inembargables las cuotas sindicales.

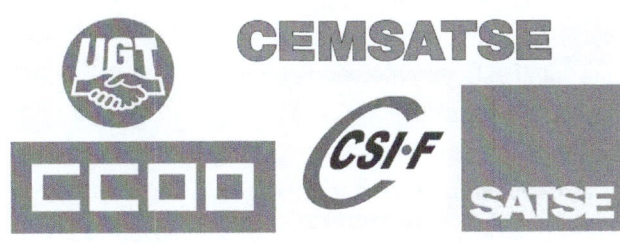

Ejemplos de sindicatos

Se contempla que los sindicatos, para adquirir personalidad jurídica y plena capacidad de obrar, deben depositar sus estatutos en la oficina establecida al efecto.

Sus estatutos deberán contener, como mínimo, los siguientes aspectos:

- Denominación de la organización.
- Domicilio, ámbito territorial y ámbito funcional de actuación del sindicato.
- Órganos de representación, gobierno y administración del sindicato; su funcionamiento y el régimen de provisión de sus cargos.
- Requisitos y procedimientos establecidos para adquirir o perder la condición de afiliado.
- Régimen de modificación de los estatutos.
- Régimen de fusión y disolución del sindicato.
- Régimen económico de la organización y medios de información a los afiliados sobre la situación económica del sindicato.

Los estatutos son públicos, por lo que cualquier persona que los solicite tiene derecho a examinarlos e, incluso, a solicitar y obtener una copia autentificada de los mismos.

Una vez depositados los estatutos, el sindicato adquiere personalidad jurídica y plena capacidad de obrar pasados veinte días desde dicho depósito. Asimismo, la oficina los publicará en su tablón de anuncios en el Boletín Oficial del Estado y, en su caso, en el boletín oficial correspondiente.

5.3. Representación sindical

La representación sindical viene regulada en el título III de la LOLS, "De la representatividad sindical", en el que se estipula el concepto de sindicato más representativo (a nivel estatal y a nivel de comunidad autónoma) y la capacidad representativa de los sindicatos.

Así, como concepto más importante, según el artículo 6, se considerarán sindicatos más representativos a nivel estatal los siguientes:

a. *Los que acrediten una especial audiencia, expresada en la obtención, en dicho ámbito del 10 % o más del total de delegados de personal, de los miembros de los comités de empresa y de los correspondientes órganos de las Administraciones públicas.*

b. *Los sindicatos o entes sindicales, afiliados, federados o confederados a una organización sindical de ámbito estatal que tenga la consideración de más representativa de acuerdo con lo previsto en la letra a).*

El artículo 6 también contempla que los sindicatos más representativos gozarán de la capacidad de representativa a todos los niveles territoriales y funcionales para lo siguiente:

- Ostentar representación institucional ante las Administraciones públicas y otras entidades y organismos de carácter estatal o de comunidad autónoma que la tengan prevista.
- Negociación colectiva, siempre siguiendo lo estipulado en el Estatuto de los Trabajadores.
- Ser interlocutores para determinar las condiciones de trabajo en las Administraciones públicas.
- Participar en sistemas de solución de conflictos laborales no jurisdiccionales.
- Promover elecciones para comités de empresa, delegados de personal y demás órganos correspondientes de las Administraciones públicas.
- Cualquier otra función representativa que se establezca.

 Actividades

9. Evalúe el papel de los sindicatos en una gran empresa. ¿Cuáles son sus funciones principales?
10. Busque información sobre los sindicatos más representativos y evalúe sus sistemas de protección al trabajador.

6. Ley General de la Seguridad Social

El sistema español de Seguridad Social tiene sus inicios en 1966, cuando se aprobó por decreto legislativo la conocida Ley de Seguridad Social, cuya entrada en vigor se demoró hasta el 1 de enero de 1967.

Como consecuencia de los cambios sociales y económicos, fueron necesarias importantes modificaciones sustanciales que terminaron regularizándose y armonizándose en el Texto Refundido de la Ley General de la Seguridad Social, aprobada por el Real Decreto Legislativo 1/1994, de 20 de junio, por el que se aprueba el Texto Refundido de la Ley General de la Seguridad Social.

Ha seguido sufriendo varias modificaciones, la más reciente y significativa es la de 2015, con la aprobación y publicación del Real Decreto Legislativo 8/2015, de 30 de octubre, mediante el que se aprueba un nuevo Texto Refundido de la Ley General de la Seguridad Social. Dicho Real Decreto Legislativo entró en vigor el 2 de enero de 2016, derogando el texto refundido anterior, que estuvo vigente durante más de dos décadas.

El Texto Refundido de la Ley General de la Seguridad Social (TRLGSS) está actualmente constituido por 373 artículos y numerosas disposiciones adicionales, transitorias y finales.

TEXTO REFUNDIDO DE LA LEY GENERAL DE LA SEGURIDAD SOCIAL

- **Título I:** Normas generales del sistema de la Seguridad Social (arts. 1-135)
- **Título II:** Régimen General de la Seguridad Social (arts. 136-261)
- **Título III:** Protección por desempleo (arts. 262-304)
- **Título IV:** Régimen especial de la Seguridad Social de los trabajadores por cuenta propia o autónomos (arts. 305-326)
- **Título V:** Protección por cese de actividad (arts. 327-350)
- **Título VI:** Prestaciones no contributivas (arts. 351-373)
- Disposiciones **adicionales**
- Disposiciones **transitorias**
- Disposiciones **finales**

Como introducción, dicha ley establece los principios por los que debe regirse el sistema de la Seguridad Social:

- Universalidad
- Unidad
- Solidaridad
- Igualdad

A lo largo de los siguientes subapartados se irá desgranando el contenido principal de este texto refundido que da lugar a una Ley General de Seguridad Social completamente reformada.

6.1. Campo de aplicación

La Ley General de la Seguridad Social establece que estarán comprendidos en el sistema de la Seguridad Social, a efectos de las prestaciones contributivas, los españoles que residan en España y los extranjeros que residan o se encuentren legalmente en España.

Eso sí, para que puedan estar comprendidos en dicho sistema deberán ejercer su actividad en territorio nacional y estar incluidos en alguno de los siguientes apartados (artículo 7.1):

a. *Trabajadores por cuenta ajena que presten sus servicios en las condiciones establecidas por el artículo 1.1 del Texto Refundido de la Ley del Estatuto de los Trabajadores, en las distintas ramas de la actividad económica o asimilados a ellos, bien sean eventuales, de temporada o fijos, aún de trabajo discontinuo, e incluidos los trabajadores a distancia, y con independencia, en todos los casos, del grupo profesional del trabajador, de la forma y cuantía de la remuneración que perciba y de la naturaleza común o especial de su relación laboral.*

b. *Trabajadores por cuenta propia o autónomos, sean o no titulares de empresas individuales o familiares, mayores de 18 años, que reúnan los requisitos que de modo expreso se determinen en esta ley y en su normativa de desarrollo.*

c. *Socios trabajadores de cooperativas de trabajo asociado.*

d. *Estudiantes.*

e. *Funcionarios públicos, civiles y militares.*

Asimismo, estarán comprendidos en el campo de aplicación del sistema de la Seguridad Social, a efectos de las prestaciones no contributivas, todos los españoles residentes en territorio español y los extranjeros que residan legalmente en territorio español. En cuanto a los españoles no residentes en España, el Gobierno, en el marco de los sistemas de protección social pública, podrá establecer medidas de protección social en su favor, de acuerdo con las características de los países de residencia.

6.2. Régimen general y regímenes especiales

El sistema de la Seguridad Social está formado por dos tipos de regímenes:

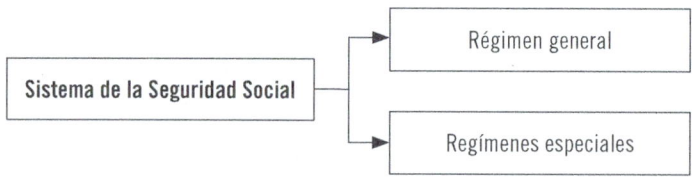

El régimen general está regulado en el título II del TRLGSS e incluye de forma obligatoria a los trabajadores por cuenta ajena y a los asimilados referidos en el artículo 7.1.a) (comentado en el subapartado anterior), a excepción de aquellos que, por razón de su actividad, deban comprenderse en el campo de aplicación de algún régimen especial.

En cuanto a los regímenes especiales, la ley establece este tipo de régimen para aquellas actividades profesionales en las que por determinadas circunstancias es preciso dicho establecimiento para que puedan aplicarse adecuadamente los beneficios de la Seguridad Social.

Así, están considerados los encuadrados en los siguientes grupos:

- Trabajadores por cuenta propia o autónomos.
- Trabajadores del mar.
- Funcionarios públicos, civiles y militares.
- Estudiantes.

■ Trabajadores por cuenta ajena que prestan sus servicios a empresas que realizan determinadas actividades relativas a la minería del carbón.

■ Demás grupos determinados por el Ministerio de Inclusión, Seguridad Social y Migraciones, por considerar necesario el establecimiento de un régimen especial para ellos.

Además de los sistemas especiales regulados en la ley, se podrán establecer sistemas especiales exclusivamente en alguna de las siguientes materias: encuadramiento, afiliación, forma de cotización o recaudación.

 Actividades

11. ¿Por qué la protección de la Seguridad Social es universal?
12. Comente las diferencias entre los regímenes especiales y el régimen general.

6.3. Entidades gestoras y servicios comunes

La potestad normativa sobre la Seguridad Social, así como la vigilancia, tutela y control de su gestión recae sobre los órganos superiores de los departamentos ministeriales de la Administración Central del Estado.

En relación a la administración y gestión de la Seguridad Social, la potestad para ello recae sobre las entidades gestoras de la Seguridad Social, entidades estatales con funciones complementarias y apoyadas por los llamados servicios comunes.

Las principales características de las organizaciones gestoras de la Seguridad Social son las siguientes:

■ Tienen naturaleza pública. Se trata de entes públicos con personalidad jurídica propia encargados de gestionar y administrar las prestaciones concedidas por el sistema de la Seguridad Social.

- Sus funciones están racionalizadas al haberse reintegrado determinadas competencias que tenía asumidas la Seguridad Social y no eran propias de esta.
- Su actividad se desarrolla en régimen descentralizado, atendiendo a distintos ámbitos territoriales.
- No tienen ánimo de lucro.
- Su tutela administrativa es potestad de los Centros Directivos del Ministerio.
- Están sometidos a un régimen jurídico y se encuentran enmarcados en el procedimiento administrativo común.

En relación a la gestión del sistema de Seguridad Social, tienen atribuidas dicha función los siguientes entes públicos, adscritos al Ministerio de Inclusión, Seguridad Social y Migraciones a través de la Secretaría de Estado de la Seguridad Social y Pensiones:

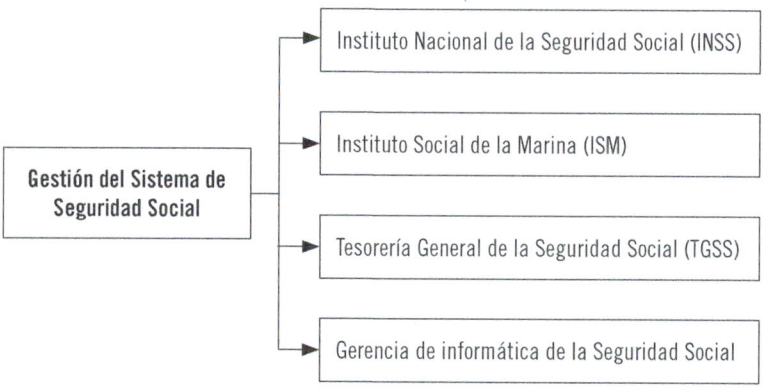

El Instituto Nacional de la Seguridad Social o INSS se encarga de gestionar y administrar las prestaciones económicas del sistema de la Seguridad Social (excepcionando la gestión atribuida al IMSERSO y la gestión de los servicios que son competencia de las comunidades autónomas) y el reconocimiento del derecho a la asistencia sanitaria.

El Instituto Social de la Marina o ISM se encarga de gestionar, administrar y reconocer el derecho a las prestaciones del Régimen Especial de la Seguridad Social de los Trabajadores del Mar.

La Tesorería General de la Seguridad Social o TGSS es un servicio común de la Seguridad Social encargado de la gestión financiera del sistema de la Seguridad Social a través del cual se unifican todos los recursos económicos de este.

Por último, la Gerencia de Informática de la Seguridad Social es un servicio común con personalidad jurídica propia, encargado principalmente de elaborar y proponer a las entidades gestoras, a la TGSS y a la Intervención General de la Seguridad Social propuestas de creación, desarrollo, modificación, evaluación y auditoría, entre otros, de los sistemas de información.

También se encarga de mantener y actualizar los medios telemáticos que se emplean para la transmisión de información y los correspondientes sistemas telemáticos.

7. Inscripción de las empresas en la Seguridad Social

Las empresas, para que puedan emplear a trabajadores por cuenta ajena, deben inscribirse a la Seguridad Social con carácter previo al inicio de sus actividades.

En caso de incumplimiento, se derivarán una serie de responsabilidades para el empresario que originarán, en consecuencia, otros incumplimientos legales como, por ejemplo, la afiliación, las altas de los trabajadores o, incluso, la cotización a la Seguridad Social.

De forma simultánea a la inscripción al sistema de la Seguridad Social, el empresario debe ejercer la opción de la entidad aseguradora de las contingencias de accidentes de trabajo y enfermedad profesional, además de la cobertura de la prestación económica para aquellos trabajadores que estén a su cargo y que se encuentren en situación de incapacidad temporal.

7.1. Obligaciones de las empresas

Toda empresa debe afiliarse a la Seguridad Social. Tal como indica el artículo 15 del TRLSS:

La afiliación a la Seguridad Social es obligatoria para las personas a que se refiere el artículo 7.1 y única para toda su vida y para todo el sistema, sin perjuicio de las altas y bajas en los distintos regímenes que lo integran, así como de las demás variaciones que puedan producirse con posterioridad a la afiliación.

La afiliación puede practicarse de tres formas:

- A petición de las personas y entidades obligadas a dicho acto.
- A instancia de los interesados (por ejemplo, de los trabajadores).
- De oficio por la Administración de la Seguridad Social.

Así, el empresario que desee o esté obligado a inscribirse a la Seguridad Social, deberá solicitarlo a la Tesorería General de la Seguridad Social, bien a través de sus Direcciones Provinciales, o bien a través de las correspondientes Administraciones.

Además, también deberá comunicar cualquier alta, baja y variación de datos de sus trabajadores dentro de los plazos establecidos siempre que se produzca alguna incorporación a su actividad o cesen de esta.

Del mismo modo, el empresario está obligado a mantener en situación de alta a sus empleados y a ingresar las cuotas de cotización correspondientes hasta que no cese la relación laboral.

Por otra parte, el trabajador tiene derecho a las prestaciones y servicios ofrecidos por la Seguridad Social, pero debe comunicar sus datos verídicos a la empresa y comunicar cualquier variación de estos a la empresa para que esta pueda comunicarlo, en caso de ser necesario, a la Seguridad Social.

7.2. Tramitación, documentación y plazos

La inscripción es el acto administrativo por el que la Tesorería General de la Seguridad Social asigna al empresario un número para su identificación y control de sus obligaciones en el respectivo Régimen del Sistema de la Seguridad Social. Dicho número es considerado como primero y principal Código de Cuenta de Cotización (CCC). La solicitud se realizará mediante el modelo TA.6, como se indica más adelante.

Esta gestión se puede realizar de forma telemática a través de la Sede Electrónica de la Seguridad Social, si el empresario dispone de un certificado digital; o de forma presencial en la Administración de la Tesorería General de la Seguridad Social más próxima al domicilio social.

Documentación necesaria para la tramitación:

■ **Si se trata de un empresario individual:**

1. Modelo oficial de solicitud: TA-6.
2. Documento que identifique al titular de la empresa, empresario individual o titular del hogar familiar.
3. Documento emitido por el ministerio en el que se asigna un NIF (Número de Identificación Fiscal) donde figure la actividad económica de la empresa.

■ **Si se trata de empresarios colectivos o sociedades españolas:**

1. Los documentos requeridos para el empresario individual.
2. Escritura de constitución o certificado del Registro correspondiente.
3. Fotocopia del DNI del firmante de la solicitud de inscripción.
4. Documento acreditativo de los poderes del firmante, en el caso de no estar reflejados en la escritura de constitución.

■ **Si se trata de empresarios colectivos o sociedades extranjeras:**

1. En centros de trabajo establecidos en España deberán aportar los documentos indicados en el párrafo anterior.

2. En centros de trabajo no establecidos en España deberán aportar los documentos requeridos a los empresarios individuales y una fotocopia de las escrituras de constitución de la empresa extranjera, con certificado de estar inscrita en el registro correspondiente o el equivalente exigido por su legislación.

Cuando se traten de terceros países, además de los documentos indicados, es necesario un certificado consular de autorización y constitución legal en el país. Además, se ha de nombrar un representante legal con domicilio en España.

 Recuerda

Si se dispone de certificado digital, el empresario también podrá realizar el trámite de inscripción a través del Registro de Solicitudes de la Sede Electrónica de la TGSS.

Como ya se ha comentado, si es la primera vez que se contrata a trabajadores, el empresario debe solicitar su inscripción como empresa antes del inicio de la actividad. Los documentos justificativos de su inscripción mantendrán su vigencia durante un año y se entenderán prorrogados por periodos de la misma duración.

MINISTERIO
DE TRABAJO, MIGRACIONES
Y SEGURIDAD SOCIAL

TESORERÍA GENERAL
DE LA SEGURIDAD SOCI/

TA.6

Registro de presentación

Registro de entrada

SOLICITUD DE INSCRIPCIÓN EN EL SISTEMA DE SEGURIDAD SOCIAL

1. DATOS DE ENCUADRAMIENTO EN EL SISTEMA DE SEGURIDAD SOCIAL

1.1 RÉGIMEN (ver punto 1 de instrucciones)

1.2 SISTEMA ESPECIAL (ver punto 1 de instrucciones)

FECHA DE INSCRIPCIÓN
Día Mes Año

2. DATOS DEL EMPRESARIO SOLICITANTE

2.1 NOMBRE Y APELLIDOS DEL SOLICITANTE O RAZÓN SOCIAL

2.2 NOMBRE COMERCIAL O ANAGRAMA

2.3 TIPO DE DOCUMENTO IDENTIFICATIVO (Marque con una "X")
D.N.I. | C.I.F. | TARJETA DE EXTRANJERO | OTRO DOCUMENTO

2.4 Nº DE DOCUMENTO IDENTIFICATIVO

2.5 NÚMERO DE SEGURIDAD SOCIAL

3. DATOS DE CONSTITUCIÓN DE LA EMPRESA

3.1 FECHA Día Mes Año

3.2 TIPO REGISTRO | 3.3 NÚMERO | 3.4 PROVINCIA | 3.5 TOMO

3.6 LIBRO | 3.7 FOLIO | 3.8 SECCIÓN | 3.9 HOJA | 3.10 I/A

4. DOMICILIO PARTICULAR O SOCIAL

TIPO DE VÍA NOMBRE DE LA VÍA PÚBLICA

BLOQUE NÚM. BIS ESCAL. PISO PUERTA CÓD. POSTAL

4.1 DOMICILIO

MUNICIPIO / ENTIDAD DE ÁMBITO TERRITORIAL INFERIOR AL MUNICIPIO

PROVINCIA

TELÉFONO FIJO | MÓVIL | CORREO ELECTRÓNICO

5. DATOS RELATIVOS A LA ACTIVIDAD ECONÓMICA

5.1 ACTIVIDAD ECONÓMICA

5.2 I.A.E.

5.3 CÓDIGO CNAE 2009

5.4 CONVENIO COLECTIVO (CÓDIGO Y DESCRIPCIÓN)

5.5 MÁRQUESE CON UNA "X" SI SE TRATA DE :

E.T.T | TRABAJADORES DE ESTRUCTURA | TRABAJADORES CEDIDOS

CENTRO DOCENTE | SUBVENCIONADO | NO SUBVENCIONADO

CENTRO ESPECIAL DE EMPLEO

5.6 TRABAJADORES CTA. AJENA O ASIMILADOS CON EXCLUSIONES DE COTIZACIÓN

5.7 TRABAJADORES DEL RÉGIMEN GENERAL CON COEFICIENTE REDUCTOR DE LA EDAD DE JUBILACIÓN
FERROVIARIOS | PERSONAL DE VUELO AÉREO | ESTATUTO DEL MINERO

TIPO DE VÍA NOMBRE DE LA VÍA PÚBLICA

BLOQUE NÚM. BIS ESCAL. PISO PUERTA CÓD. POSTAL

5.8 DOMICILIO

MUNICIPIO / ENTIDAD DE ÁMBITO TERRITORIAL INFERIOR AL MUNICIPIO

PROVINCIA

6. A EFECTOS DE NOTIFICACIONES SEÑALA COMO DOMICILIO PREFERENTE (Marque con una "X" la opción correcta)

DOMICILIO PARTICULAR O SOCIAL DEL EMPRESARIO (PUNTO 4)

DOMICILIO DE LA ACTIVIDAD ECONÓMICA (PUNTO 5.8)

7. DATOS DE SEGURIDAD SOCIAL DE LA EMPRESA

7.1 ENTIDAD ACCIDENTES DE TRABAJO Y ENFERMEDADES PROFESIONALES (Nº Y DENOMINACIÓN)

7.2 ENTIDAD CON LA QUE CUBRE LA INCAPACIDAD TEMPORAL POR CONTINGENCIAS COMUNES
MARQUE CON UNA "X": ENTIDAD GESTORA | MUTUA

8. DATOS RELATIVOS AL REPRESENTANTE

8.1 NOMBRE Y APELLIDOS

8.2 TIPO DE DOCUMENTO IDENTIFICATIVO (Marque con una "X")
D.N.I. | TARJETA DE EXTRANJERO | OTRO DOCUMENTO

8.3 Nº DE DOCUMENTO IDENTIFICATIVO

8.4 NÚMERO DE SEGURIDAD SOCIAL

9. DATOS PARA LA DOMICILIACIÓN DEL PAGO DE CUOTAS (En el Sistema Especial de Empleados de Hogar)

CÓDIGO INTERNACIONAL CUENTA BANCARIA (IBAN)

DOCUMENTO IDENTIFICATIVO DEL TITULAR DE LA CUENTA DE ADEUDO
TIPO DE DOCUMENTO IDENTIFICATIVO
D.N.I. | C.I.F. | TARJETA EXTRANJERO | PASPRT.

Nº DE DOCUMENTO IDENTIFICATIVO

FECHA Y FIRMA DEL SOLICITANTE
Fecha:

Firma

REPRESENTANTE (FECHA, FIRMA Y SELLO)
Fecha:

Firma

SUBSANACIÓN Y/O MEJORA REQUERIDA

TA.6 (26-06-2018)

ADVERTENCIA: En las Comunidades Autónomas con lengua cooficial, existe impreso redactado en lengua vernácula.

Modelo TA-6

Asimismo, el empresario está obligado a conservar dichos documentos durante un periodo mínimo de cinco años, además de los demás documentos relacionados con el alta, la baja y la comunicación de variación de datos de sus trabajadores.

Al Código de Cuenta de Cotización Principal deberán vincularse todos los demás códigos de cuenta de cotización (CCC) que puedan asignarse al empresario. Eso sí, hay que destacar que el empresario debe solicitar un CCC en cada provincia donde ejerza actividad económica y en aquellos supuestos en los que sea necesario identificar colectivos de trabajadores con peculiaridades de cotización.

Para solicitar dichos CCC debe cumplimentarse el modelo TA.7:

MINISTERIO
DE TRABAJO, MIGRACIONES
Y SEGURIDAD SOCIAL

TESORERÍA GENERAL
DE LA SEGURIDAD SOCIAL

TA.7

Registro de presentación

Registro de entrada

SOLICITUD DE ALTA, BAJA Y VARIACIÓN DE DATOS
DE CUENTA DE COTIZACIÓN

C.C.C.

FECHA DE INICIO O CESE DE ACTIVIDAD, O VARIACIÓN DE DATOS

Día | Mes | Año

1. DATOS DEL EMPRESARIO SOLICITANTE

1.1 NOMBRE Y APELLIDOS DEL SOLICITANTE O RAZÓN SOCIAL

1.2 CCC PRINCIPAL

1.3 TIPO DE DOCUMENTO IDENTIFICATIVO (Marque con una "X")

D.N.I. | C.I.F. | TARJETA DE EXTRANJERO: | OTRO DOCUMENTO:

1.4 Nº DE DOCUMENTO IDENTIFICATIVO

1.5 NÚMERO DE SEGURIDAD SOCIAL

2. DATOS RELATIVOS A LA SOLICITUD (Marque con una "X" la opción correcta)

ALTA | BAJA | VARIACIÓN DE DATOS

2.1 CAUSA DEL ALTA, BAJA O VARIACIÓN DE DATOS

3. DATOS DE ENCUADRAMIENTO EN EL SISTEMA DE SEGURIDAD SOCIAL

3.1 RÉGIMEN DE SEGURIDAD SOCIAL (Marque con "X")

RÉGIMEN GENERAL
RÉGIMEN ESPECIAL DEL MAR
RÉGIMEN ESPECIAL DE LA MINERÍA DEL CARBÓN
SEGURO ESCOLAR
CONCIERTO DE ASISTENCIA SANITARIA

3.2 Si el RÉGIMEN DE SEGURIDAD SOCIAL es el GENERAL marque con "X" si se trata de alguno de los siguientes colectivos

ARTISTAS
PROFESIONALES TAURINOS

3.4 Si el RÉGIMEN DE SEGURIDAD SOCIAL es el ESPECIAL DEL MAR marque con "X" el GRUPO DE COTIZACIÓN que corresponda y el Identificador de la embarcación

GRUPOS: I | IIA | IIB | III

IDENTIFICADOR DE LA EMBARCACIÓN

3.3 Si el RÉGIMEN DE SEGURIDAD SOCIAL es GENERAL marque con "X" si está incluido en algún sistema especial

SISTEMA ESPECIAL AGRARIO
SISTEMA ESPECIAL PARA EMPLEADOS DE HOGAR
FRUTAS, HORTALIZAS E INDUSTRIAS DE CONSERVAS VEGETALES
MANIPULADO Y EMPAQUETADO DE TOMATE FRESCO
TRABAJADORES FIJOS DISCONTINUOS DE EMPRESAS DE EXHIBICIÓN CINEMATOGRÁFICA
TRABAJADORES FIJOS DISCONTINUOS DE EMPRESAS DE ESTUDIO DE MERCADO Y OPINIÓN PÚBLICA
OTROS

4. DOMICILIO PARTICULAR O SOCIAL

4.1 DOMICILIO | TIPO DE VÍA | NOMBRE DE LA VÍA PÚBLICA | BLOQUE | NÚM. | BIS | ESCAL. | PISO | PUERTA | CÓD. POSTAL

MUNICIPIO / ENTIDAD DE ÁMBITO TERRITORIAL INFERIOR AL MUNICIPIO | PROVINCIA | TELÉFONO FIJO

5. DATOS RELATIVOS A LA ACTIVIDAD ECONÓMICA

5.1 ACTIVIDAD ECONÓMICA | 5.2 I.A.E. | 5.3 CÓDIGO CNAE 2009

5.4 CONVENIO COLECTIVO (CÓDIGO Y DESCRIPCIÓN)

5.5 MÁRQUESE CON UNA "X" SI SE TRATA DE :

E.T.T. | TRABAJADORES DE ESTRUCTURA | TRABAJADORES CEDIDOS | CENTRO DOCENTE | SUBVENCIONADO | NO SUBVENCIONADO | CENTRO ESPECIAL DE EMPLEO

5.6 TRABAJADORES CTA. AJENA O ASIMILADOS CON EXCLUSIONES DE COTIZACIÓN

5.7 TRABAJADORES DEL RÉGIMEN GENERAL CON COEFICIENTE REDUCTOR DE LA EDAD DE JUBILACIÓN

FERROVIARIOS | PERSONAL DE VUELO AÉREO | ESTATUTO DEL MINERO

5.8 DOMICILIO | TIPO DE VÍA | NOMBRE DE LA VÍA PÚBLICA | BLOQUE | NÚM. | BIS | ESCAL. | PISO | PUERTA | CÓD. POSTAL

MUNICIPIO / ENTIDAD DE ÁMBITO TERRITORIAL INFERIOR AL MUNICIPIO | PROVINCIA | TELÉFONO FIJO

6. A EFECTOS DE NOTIFICACIONES SEÑALA COMO DOMICILIO PREFERENTE (Marque con una "X" la opción correcta)

DOMICILIO PARTICULAR O SOCIAL (PUNTO 4.1) | DOMICILIO DE LA ACTIVIDAD ECONÓMICA (PUNTO 5.8)

7. DATOS DE SEGURIDAD SOCIAL DE LA EMPRESA

7.1 ENTIDAD ACCIDENTES DE TRABAJO Y ENFERMEDADES PROFESIONALES(Nº Y DENOMINACIÓN)

7.2 ENTIDAD CON LA QUE CUBRE LA INCAPACIDAD TEMPORAL POR CONTINGENCIAS COMUNES

MARQUE CON UNA "X" : | ENTIDAD GESTORA | MUTUA

8. DATOS PARA LA DOMICILIACIÓN DEL PAGO DE CUOTAS

CÓDIGO INTERNACIONAL CUENTA BANCARIA (IBAN)

DOCUMENTO IDENTIFICATIVO DEL TITULAR DE LA CUENTA DE ADEUDO | TIPO DE DOCUMENTO IDENTIFICATIVO | Nº DE DOCUMENTO IDENTIFICATIVO

D.N.I. | C.I.F. | TARJETA EXTRANJERO: | PASPRT.

FECHA Y FIRMA DEL SOLICITANTE
Fecha:
Firma

REPRESENTANTE (FECHA, FIRMA Y SELLO)
Fecha:
Firma

TA.7
-01-2015

SUBSANACIÓN Y/O MEJORA REQUERIDA

ADVERTENCIA: En las Comunidades Autónomas con lengua cooficial, existe a su disposición este impreso redactado en lengua vernácula.

Modelo TA-7

Para la obtención de dichos documentos, la empresa o, en su caso, su representante legal, pueden tramitar dichas solicitudes a través de la Sede Electrónica de la Seguridad Social que, como se ha comentado antes, se convirtió en portal propio (https://sede.seg-social.gob.es/wps/portal/sede/sede/Inicio). También, se puede hacer a través de la página web del Ministerio de Inclusión, Seguridad Social y Migraciones.

Para realizar los distintos trámites de inscripción de la empresa, una vez dentro de la Sede Electrónica de la Seguridad Social, debe buscarse y clicar **Empresas → Afiliación, Inscripción y Modificaciones** y seleccionar cualquiera de las operaciones que quieran llevarse a cabo: inscripción, asignación CCC, variación de datos, etc.

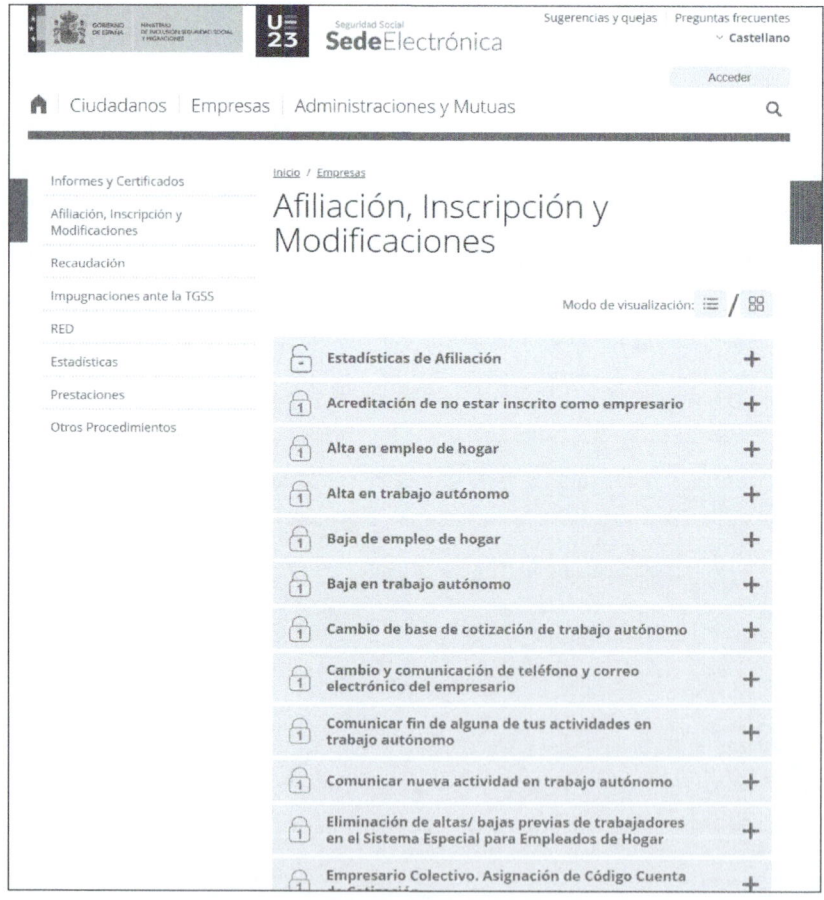

Sede Electrónica de la Seguridad Social, apartado "Empresas"

Aplicación práctica

Juan y Manuel acaban de crear una empresa, Mantecados S. A., y tiene previsto contratar trabajadores en cuanto se inicie la actividad. Indique cuáles son los documentos a presentar para realizar el trámite de inscripción de la empresa en el régimen general de la Seguridad Social.

¿Pueden hacerlo a través de internet?

SOLUCIÓN

En el caso de Mantecados S. A., la documentación a presentar para inscribirse en el régimen general de la Seguridad Social es la siguiente:

I Modelo oficial de solicitud: TA.6, para solicitar un CCC principal.
I Documento que identifique al titular de la empresa, empresario individual o titular del hogar familiar.
I Documento emitido por el ministerio en el que se asigna un NIF (Número de Identificación Fiscal) donde figure la actividad económica de la empresa.
I Escritura de constitución o certificado del Registro correspondiente.
I Fotocopia del DNI del firmante de la solicitud de inscripción.
I Documento acreditativo de los poderes del firmante, en el caso de no estar reflejados en la escritura de constitución.

El trámite podrá realizarse por internet sin ningún tipo de problema, a través de la Sede Electrónica de la Seguridad Social, seleccionando la opción "Empresario Colectivo. Asignación de Código Cuenta de Cotización".

7.3. Irrenunciabilidad de los derechos de la Seguridad Social

Los derechos de la Seguridad Social son irrenunciables tal como se indica en el artículo 3 del TRLSS:

Será nulo todo pacto, individual o colectivo, por el cual el trabajador renuncie a los derechos que le confiere la presente ley.

Con ello, se pretende evitar que los trabajadores renuncien a sus derechos en su propio perjuicio a causa de una presumible obligación del empresario aprovechándose de su posición frente a ellos.

Para garantizar el principio de irrenunciabilidad con más firmeza, el Estatuto de los Trabajadores también lo contempla en su artículo 3.5:

> *Los trabajadores no podrán válidamente disponer antes o después de su adquisición, de los derechos que tengan reconocidos por disposiciones legales de derecho necesario ni tampoco de los derechos reconocidos como indisponibles por convenio colectivo.*

De este modo, se intenta evitar el abuso de poder por parte del empresario, manteniendo intocables los derechos de los trabajadores a la Seguridad Social.

 ## Aplicación práctica

La empresa Edificios Altos, S. L. tiene contratados a diez trabajadores. Uno de ellos, David, ha tenido un accidente laboral y quiere renunciar al derecho a cobrar una prestación de carácter contributivo mientras no pueda llevar a cabo su actividad laboral. ¿Sería posible? ¿Por qué?

SOLUCIÓN

David no puede renunciar en ningún caso a la prestación, ya que se trata de un derecho que establece la Seguridad Social para su protección en caso de no poder llevar a cabo su actividad laboral normal.

Tal como se indica en el artículo 3 del TRLSS: *será nulo todo pacto, individual o colectivo, por el cual el trabajador renuncie a los derechos que le confiere la presente ley.*

El derecho a cobrar un salario mientras el trabajador está de baja está estipulado por ley, por lo que el trabajador no puede renunciar a él bajo ningún concepto.

8. Ley de Prevención de Riesgos Laborales

Como ya se ha ido comentando a lo largo de la unidad, la Constitución española comenta expresamente que los poderes públicos deben velar por la seguridad y la higiene en el trabajo.

A raíz de este precepto y de esta necesidad de velar por la seguridad e higiene en el trabajo, se elaboró y aprobó la Ley 31/1995, de 8 de noviembre, de Prevención de Riesgos Laborales (LPRL), que entró en vigor el 10 de febrero de 1996.

Desde su aprobación, esta ley es la normativa básica y fundamental en materia de prevención, vigente hasta la actualidad.

La Ley de Prevención de Riesgos Laborales está formada por 54 artículos repartidos en siete capítulos, dieciocho disposiciones adicionales, dos disposiciones transitorias, una disposición derogatoria y dos disposiciones finales.

Su estructura es la siguiente:

LEY 31/1995 DE PREVENCIÓN DE RIESGOS LABORALES

- **Capítulo I.** Objeto, ámbito de aplicación y definiciones
- **Capítulo II.** Política en materia de prevención de riesgos para proteger la seguridad y la salud en el trabajo
- **Capítulo III.** Derechos y obligaciones
- **Capítulo IV.** Servicio de prevención
- **Capítulo V.** Consulta y participación de los trabajadores
- **Capítulo VI.** Obligaciones de los fabricantes, importadores y suministradores
- **Capítulo VII.** Responsabilidades y sanciones
- Disposiciones **adicionales**
- Disposiciones **transitorias**
- Disposición **derogatoria**
- Disposiciones **finales**

En los siguientes apartados se comentarán los primeros capítulos, en los que se determinan los conceptos y definiciones básicos de la ley, su ámbito de aplicación y los objetivos y actuaciones de las Administraciones públicas en materia de prevención de riesgos laborales.

8.1. Objeto y carácter de la norma

Tal y como indica el artículo 2 de la Ley de Prevención de Riesgos Laborales, el objeto de la misma es el siguiente:

Promover la seguridad y la salud de los trabajadores mediante la aplicación de medidas y el desarrollo de las actividades necesarias para la prevención de riesgos derivados del trabajo.

Además, en esta ley también se establecen los principios generales relacionados con las siguientes materias:

- Prevención de riesgos profesionales para la protección de la seguridad y la salud.
- Eliminación o disminución de los riesgos derivados del trabajo.
- Información, consulta, participación equilibrada y formación de los trabajadores en materia de prevención de riesgos.

El mismo artículo, en su punto segundo, establece el carácter de la norma:

Las disposiciones de carácter laboral contenidas en esta ley y en sus normas reglamentarias tendrán en todo caso el carácter de derecho necesario mínimo indisponible, pudiendo ser mejoradas y desarrolladas en los convenios colectivos.

En resumen, esta ley tiene el carácter de derecho necesario, siendo imprescindible la formación de los empleados y empleadores y la implantación de medidas para prevenir cualquier tipo de riesgo laboral.

8.2. Ámbito de aplicación

El ámbito de aplicación de la LPRL viene reflejado en el artículo 3, además de mencionar qué personas quedan excluidas de dicho ámbito.

Así, tal como muestra el artículo 3.1, esta ley será de aplicación en los supuestos siguientes:

> *Esta ley y sus normas de desarrollo serán de aplicación tanto en el ámbito de las relaciones laborales reguladas en el Texto Refundido de la Ley del Estatuto de los Trabajadores, como en el de las relaciones de carácter administrativo o estatutario del personal al servicio de las Administraciones públicas, con las peculiaridades que, en este caso, se contemplan en la presente ley o en sus normas de desarrollo. Ello sin perjuicio del cumplimiento de las obligaciones específicas que se establecen para fabricantes, importadores y suministradores, y de los derechos y obligaciones aplicables a las sociedades cooperativas, constituidas de acuerdo con la legislación que les sea de aplicación, en las que existan socios cuya actividad consista en la prestación de un trabajo personal, con las peculiaridades derivadas de su normativa específica.*

Además, también se incluyen dentro del concepto de trabajador y empresario, los siguientes:

■ Personal administrativo o estatutario y Administración pública para la que presta servicios.
■ Socios de las cooperativas y sociedades cooperativas para las que prestan sus servicios.

Por el contrario, no se incluirán dentro del ámbito de aplicación las actividades con peculiaridades propias que lo impidan dentro de las siguientes funciones públicas:

■ Policía, seguridad y resguardo aduanero.
■ Servicios operativos de protección civil y peritaje forense en los casos de grave riesgo, catástrofe y calamidad pública.
■ Fuerzas Armadas y actividades militares de la Guardia Civil.

- Las actividades en los establecimientos penitenciarios que, por sus peculiaridades, requieran una regulación especial, deberán adaptarla a la LPRL.

 Actividades

13. Busque un plan de prevención de riesgos laborales de una empresa determinada y analice su contenido.

8.3. La actuación de las Administraciones públicas en materia de salud laboral

La actuación de las Administraciones públicas en el ámbito de la salud laboral viene regulada en el artículo 7 de la LPRL.

En dicho artículo se expone que las Administraciones públicas deberán desarrollar también funciones de promoción de la prevención, asesoramiento técnico, vigilancia y control del cumplimiento de la normativa de prevención de riesgos laborales por aquellos sujetos que estén comprendidos en su ámbito de aplicación.

Además, podrán sancionar las infracciones que observen de dicha normativa en los siguientes términos:

- Promoviendo la prevención y el asesoramiento que deben desarrollar los órganos técnicos en materia preventiva.
- Realizando un seguimiento de las actuaciones preventivas que se lleven a cabo en las empresas.
- Llevando a cabo actuaciones de vigilancia y control para velar por el cumplimiento de la normativa.
- Sancionando los incumplimientos que observen de la normativa de prevención de riesgos laborales.

Control de las condiciones de trabajo y empleo, Seguridad Social y seguridad y salud laboral

El órgano principal que se encarga de controlar y vigilar el cumplimiento de la normativa en el orden social es la Inspección de Trabajo y Seguridad Social. La normativa a controlar es amplia y variada, y comprende, entre otras, las siguientes materias:

- Relaciones laborales
- Seguridad Social
- Trabajo y empleo
- Condiciones de seguridad y salud en el trabajo

Además, también desempeña funciones de asistencia técnica y de arbitraje, mediación y conciliación cuando se produce alguna discrepancia o conflicto entre empresa y empleado.

La función de control e inspección la lleva a cabo el Cuerpo Superior de Inspectores de Trabajo y Seguridad Social, además de los funcionarios del Cuerpo de Subinspectores Laborales. Eso sí, hay que destacar que solo el Cuerpo Superior tiene competencias en el ámbito de la prevención de riesgos laborales y en las relaciones laborales.

Además, las comunidades autónomas tienen también potestad para acreditar a funcionarios técnicos para que colaboren en las tareas de inspección en relación a la prevención de los riesgos laborales.

Así, los funcionarios del sistema de Inspección de Trabajo y Seguridad Social y los subinspectores laborales, siempre en el ejercicio de sus funciones, podrán llevar a cabo las siguientes actuaciones:

- Entrar libremente en todo centro de trabajo sujeto a inspección y permanecer en él en cualquier momento.
- Solicitar información a la empresa sobre cualquier tema relativo a la aplicación de la normativa.
- Solicitar identificación o razón de su presencia a todas las personas que se encuentren en el centro de trabajo sujeto a inspección.

- Exigir la comparecencia de cualquier sujeto incluido en su ámbito de actuación, bien en el centro inspeccionado o bien en las oficinas públicas designadas por el inspector o subinspector.
- Examinar la documentación y libros de la empresa en el centro de trabajo. También podrán exigir la presentación de esta documentación en las oficinas públicas designadas.
- Adoptar las medidas cautelares que estime oportunas con la finalidad de impedir que se destruya, desaparezca o altere la documentación solicitada en la inspección.

Los inspectores de Trabajo y Seguridad Social podrán, además, llevar a cabo las siguientes actuaciones:

- Hacerse acompañar en sus visitas de inspección por cualquiera de los siguientes:

    - Trabajadores
    - Representantes de los trabajadores
    - Peritos y técnicos de la empresa
    - Sujetos habilitados oficialmente

- Obtener muestras de sustancias y materiales utilizados o manipulados en el centro de trabajo, además de obtener copias y extractos de documentación, sacar fotografías o vídeos, grabar imágenes y levantar croquis y planos, siempre que se notifique adecuadamente al empresario o, en su defecto, a su representante.

En el desarrollo de la inspección, para garantizar el cumplimiento de las condiciones y de la normativa comentada anteriormente, la Inspección de Trabajo y Seguridad Social podrá tomar las siguientes medidas:

- Advertir y requerir al sujeto responsable, en lugar de comenzar un procedimiento sancionador.
- Paralizar inmediatamente trabajos o tareas, si se observan carencias e incumplimientos de la normativa sobre prevención de riesgos laborales y exista un riesgo grave e inminente para la seguridad y salud de los trabajadores.

- Requerir al sujeto responsable que subsane las deficiencias constatadas en el procedimiento inspector, dentro de un plazo debidamente estipulado.
- Extender actas de infracción por los incumplimientos detectados y comprobados e iniciar el procedimiento sancionador.
- Iniciar un procedimiento liquidatorio cuando se obtenga constancia de deudas en la cotización a la Seguridad Social.
- Promover la inclusión de las empresas y los trabajadores en el régimen de la Seguridad Social correspondiente.
- Iniciar la suspensión o cese en la percepción de prestaciones sociales, cuando se constate que se han obtenido o disfrutado de forma indebida.
- En caso de apreciarse la comisión de algún delito, comunicar los hechos constatados al Ministerio Fiscal.
- Proponer la interposición de demandas de oficio ante la Jurisdicción de lo Social.
- Cuando la inspección afecte a empresas establecidas en otros Estados miembros de la Unión Europea y los hechos constatados también puedan sancionarse por el otro Estado miembro, el inspector podrá poner en conocimiento de la autoridad competente del otro país los hechos constatados para que esta inicie un procedimiento sancionador.
- En casos de accidente de trabajo o enfermedad profesional ocasionados por falta o deficiencias, en las medidas de seguridad e higiene en la empresa, instar al órgano administrativo competente la declaración del recargo de las prestaciones económicas pertinentes.
- Proponer recargos o reducciones en las primas de seguros de accidentes de trabajo y enfermedades profesionales, tras el análisis del comportamiento de las empresas en relación a la prevención de riesgos y salud laborales.
- Comunicar los incumplimientos detectados en la aplicación y destino de las ayudas y subvenciones para el fomento del empleo, formación profesional ocupacional y promoción social.
- Cualquier otra medida derivada de la legislación vigente.

9. La negociación colectiva

La negociación colectiva se define como aquel proceso en el que negocian los empleados de una empresa o de un sector de actividad con los empresarios. Las negociaciones se suelen llevar a cabo a través de los sindicatos y en ellas se pactan las condiciones laborales que se aplicarán al conjunto de empleados que forman parte de la empresa o sector, durante un periodo de tiempo determinado.

Así, se pactan, por ejemplo, aspectos tan importantes como los salarios, la actualización de estos, los horarios, la duración de la jornada laboral, las categorías profesionales o las condiciones de despido, entre muchos otros.

9.1. Conceptos y clases de convenios

Los convenios colectivos vienen regulados en el Título III del Estatuto de los Trabajadores (de la negociación colectiva y de los convenios colectivos). Así, el artículo 82 de dicha ley, define los convenios colectivos de la siguiente forma:

Los convenios colectivos, como resultado de la negociación desarrollada por los representantes de los trabajadores y de los empresarios, constituyen la expresión del acuerdo libremente adoptado por ellos en virtud de su autonomía colectiva.

En otras palabras, un convenio colectivo es un pacto entre los trabajadores de una empresa o sector y los empresarios que forman parte de estos, en el que se establecen las condiciones laborales y de productividad de su ámbito.

Son de obligatoria aplicación para los empresarios y trabajadores que estén incluidos en su ámbito de aplicación, aunque, en caso de causas económicas, técnicas, organizativas o de producción, y siempre mediante acuerdo entre empresa y representantes de los trabajadores, podrán inaplicarse las condiciones que afecten a las materias siguientes:

- Jornada de trabajo.
- Horario y distribución del tiempo de trabajo.
- Régimen de trabajo a turnos.
- Sistema de remuneración y cuantía salarial.
- Sistema de trabajo y rendimiento.
- Funciones, cuando excedan de los límites para la movilidad funcional que prevé el artículo 39 del Estatuto de los Trabajadores.
- Mejoras voluntarias de la acción protectora de la Seguridad Social.

 Definición

Inaplicar
En derecho, la inaplicación se da cuando, por razones de retrasos, congestión, impunidad u otras causas judiciales, las leyes no se cumplen.

Los convenios colectivos pueden tipificarse atendiendo a varias clasificaciones. Las principales se muestran en el esquema siguiente:

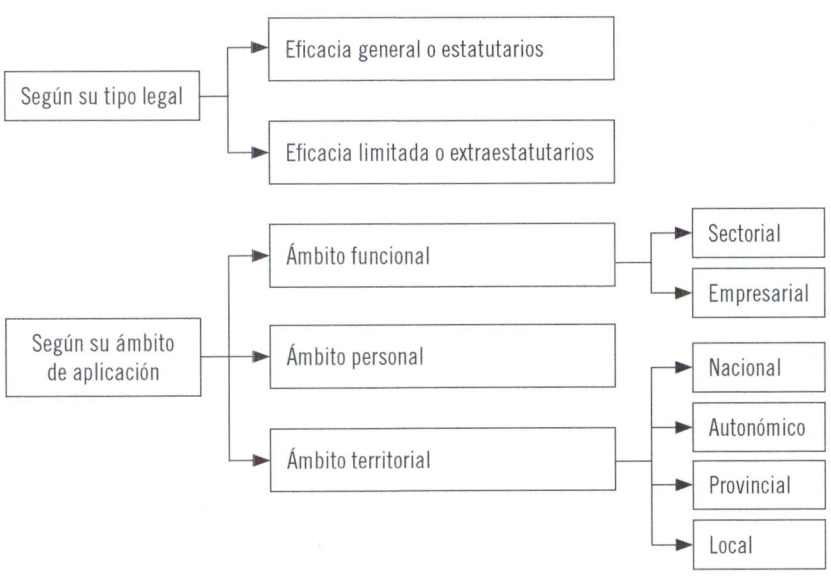

Según su tipo legal

Según el tipo legal del convenio, se pueden distinguir dos tipologías distintas:

- **Convenios de eficacia general o estatutarios:** son aquellos que afectan y obligan a todos los trabajadores y empresarios que formen parte de la unidad de contratación, independientemente de la afiliación sindical de los trabajadores y de la asociación profesional a la que pertenezcan los empresarios.
- **Convenios de eficacia limitada o extraestatutarios:** opuestamente a los convenios de eficacia general, los convenios de eficacia limitada o extraestatutarios son aquellos que solo son de aplicación a los trabajadores afiliados al sindicato y a los empresarios de la asociación profesional que han firmado el convenio.

Según su ámbito de aplicación

Según el ámbito de aplicación de los convenios, se distinguen tres formas distintas para clasificarlos.

Por una parte, está el ámbito territorial, que clasifica los convenios atendiendo al territorio donde se van a aplicar. Se distingue entre:

- **Nacionales:** se aplican en todo el Estado.
- **Autonómicos:** se aplican en una comunidad autónoma concreta.
- **Provincial:** se aplican en una provincia determinada.
- **Local:** se aplican solo en un municipio concreto.

Por otra parte, se encuentra el ámbito funcional, que clasifica los convenios colectivos en:

- **Sectoriales:** aquellos que se negocian para todo un sector profesional de actividad.
- **Empresarial:** aquellos que negocia una empresa determinada de aplicación a sus trabajadores.

Dentro de esta clasificación también podrían incluirse convenios de ámbito inferior a la empresa como, por ejemplo, los convenios por centro de trabajo, de sección o, incluso, de categorías profesionales dentro de una misma organización.

Por último, está el ámbito personal, que clasifica los convenios colectivos atendiendo al grupo o categoría de los trabajadores que se incluirán en el ámbito de aplicación del convenio.

9.2. Contenido de los convenios

El artículo 85 del Estatuto de los Trabajadores regula el contenido fundamental de los convenios colectivos y los límites de carácter general.

Así, se indica que los convenios colectivos podrán regular:

Materias de índole económica, laboral, sindical y, en general, cuantas otras afecten a las condiciones de empleo y al ámbito de relaciones de los trabajadores y sus organizaciones representativas con el empresario y las asociaciones empresariales.

Además, estos convenios deberán incluir, como mínimo, los siguientes aspectos:

- Determinación de las partes que los conciertan.
- Ámbito personal, funcional, territorial y temporal.
- Procedimientos para solventar de forma efectiva cualquier discrepancia que pueda surgir para la no aplicación de las condiciones de trabajo estipuladas.
- Forma y condiciones de denuncia del convenio.
- Plazo mínimo para la denuncia del convenio antes de finalizar su vigencia.
- Designación de una comisión paritaria de la representación de las partes negociadoras.
- Establecimiento de procedimientos y plazos de actuación de la comisión paritaria mencionada en el punto anterior.

Además, los convenios deberán incluir los deberes y derechos de las partes firmantes (trabajadores y empresarios) y las posibles sanciones en caso de incumplimiento o de comisión de algún tipo de infracción laboral relacionada.

Para localizar y acceder al contenido de los convenios colectivos, la Comisión Consultiva Nacional de Convenios Colectivos (CCNCC), adscrita al Ministerio de Trabajo y Economía Social, pone a disposición de los ciudadanos el Registro de Datos de Convenios Colectivos a través de internet (https://expinterweb.mites.gob.es/regcon/pub/consultaPublica?autonomia=9000&consultaPublica=1).

En este registro se puede consultar cualquier trámite relacionado con los convenios colectivos, desde el inicio de negociaciones, hasta la redacción de un texto nuevo, entre otras operaciones. Además, se facilitan los enlaces directos para consultar los distintos convenios colectivos de ámbito autonómico.

10. Resumen

El derecho del trabajo o derecho laboral es una rama del derecho que contiene los principios y normas jurídicas fundamentales para tutelar el trabajo productivo, libre y por cuenta ajena.

La finalidad de este tipo de derecho es regular la relación laboral entre trabajadores y empresarios y proteger los derechos fundamentales de ambos colectivos.

La Constitución española, la ley suprema de España, contiene los preceptos principales del derecho laboral: los derechos fundamentales, los derechos y libertades de los ciudadanos (no considerados fundamentales) y los principios rectores de la política económica y social.

Por otra parte, el Estatuto de los Trabajadores está considerado la ley suprema que regula toda relación laboral establecida entre trabajadores y empresarios, a la que deben atenderse todos los convenios colectivos. La última modificación fue en 2015, modificación promovida con la finalidad de agrupar la distinta normativa laboral dispersa en un solo texto.

Además, está también la Ley Orgánica 11/1985, de 2 de agosto, de Libertad Sindical, mediante la cual se regula el derecho a la libertad sindical o, en otras palabras, el derecho de los trabajadores a constituir sindicatos y a afiliarse a estos.

La protección laboral en España se completa con el nuevo Texto Refundido de la Ley General de la Seguridad Social, que establece protección a los sujetos de su ámbito de aplicación a través de prestaciones contributivas y prestaciones no contributivas. Dicha ley, además, establece los principios por los que debe regirse el sistema de la Seguridad Social: universalidad, unidad, solidaridad e igualdad.

Por último, pero no por ello menos relevante, hay que destacar la protección del trabajador en el desarrollo de su actividad laboral a través de la Ley 31/1995, de Prevención de Riesgos Laborales. Desde su aprobación, esta ley es la normativa básica y fundamental en materia de prevención de riesgos, vigente hasta la actualidad.

Ejercicios de repaso y autoevaluación

1. **Relacione las siguientes definiciones con los diferentes tipos de ley:**

   a. Leyes que regulan las materias relacionadas con los derechos fundamentales y las libertades públicas.
   b. Toda ley aprobada por las Cortes Generales que no tenga carácter de orgánica.
   c. Aquellos que dicta el Gobierno solo en casos de urgente y extraordinaria necesidad.

   ___ Ley ordinaria.
   ___ Ley orgánica.
   ___ Decreto-ley.

2. **Complete la siguiente oración:**

   Los reglamentos están formados por el conjunto de normas generales dictadas por el _____, siempre que no se trate de normas con rango de _____.

3. **Indique quién dicta los siguientes reglamentos:**

   a. Real decreto: _____
   b. Orden ministerial de la comisión delegada: _____
   c. Orden ministerial: _____

4. **Relacione las siguientes definiciones con el concepto al que hacen referencia:**

   a. Los convenios colectivos no pueden establecer peores condiciones laborales que las fijadas por ley.
   b. La ley otorga soberanía a los convenios colectivos, de modo que pueden regular una materia que trate de puntos específicos que no estén regulados por ley.
   c. La ley viene configurada como dispositiva para los convenios colectivos.

   ___ Dispositividad
   ___ Supletoriedad
   ___ Suplementariedad

5. En relación al ámbito laboral, indique cuáles son los tres grandes bloques de la Constitución en los que se refleja el contenido del derecho al trabajo.

_____

_____

_____

_____

6. Indique cuál de las siguientes opciones NO se corresponde con una finalidad de los colegios profesionales:

    a. La ordenación del ejercicio de las profesiones.
    b. La representación institucional exclusiva de las profesiones cuando estén sujetas a colegiación voluntaria.
    c. La defensa de los intereses profesionales de los colegiados.
    d. La protección de los intereses de los consumidores y usuarios de los servicios de sus colegiados.

7. Complete la siguiente oración:

Se reconoce la libertad de _____ en el marco de la economía de mercado. Los _____ garantizan y protegen su ejercicio y la defensa de la _____, de acuerdo con las exigencias de la economía general y, en su caso, de la planificación.

8. Relacione las siguientes definiciones con los niveles de protección de la seguridad social:

    a. Protege a aquellos que no han tenido vínculo profesional.
    b. Protege a aquellos que están incluidos en el campo de aplicación de la Seguridad Social.
    c. Protección libre y voluntaria.

    __ No contributivo
    __ Contributivo
    __ Complementario

9. Rellene el siguiente gráfico con la cantidad de miembros que deben tener los comités de empresa dependiendo de su número de trabajadores:

De 50 a 100 trabajadores:	
De 101 a 250 trabajadores:	
De 251 a 500 trabajadores:	
De 501 a 750 trabajadores:	
De 751 a 1.000 trabajadores:	
De 1.000 en adelante:	

10. Indique cuál es el contenido mínimo que deben contener los estatutos de los sindicatos.

_____
_____
_____
_____
_____
_____
_____

Capítulo 2

Contratación de recursos humanos

Contenido

1. Introducción
2. Organismos y órganos que intervienen en relación con el contrato de trabajo
3. El contrato de trabajo
4. Obligaciones con la Seguridad Social derivadas del contrato de trabajo
5. Resumen

1. Introducción

A lo largo de los años las relaciones laborales entre empleados y empresas han ido modificándose para proteger a los trabajadores de posibles situaciones de abuso de poder por parte de las empresas.

Gracias a la acción protectora de la Seguridad Social y a la legislación actual, trabajadores y empresas gozan de una serie de derechos, durante la relación laboral e, incluso en momentos posteriores, cuando ya se ha puesto fin a la misma.

Para formalizar los derechos y deberes de empresa y trabajador existe el contrato de trabajo, que debe cumplir una serie de requisitos formales e incluir determinadas cláusulas para garantizar la legalidad de la prestación de servicios por parte del trabajador.

Además, para garantizar el cumplimento de los contratos de trabajo existen una serie de organismos que, junto con la Seguridad Social, se encargarán de velar por los intereses del trabajador, de modo que este pueda gozar de unas condiciones laborales óptimas.

En este capítulo se tratarán los principales organismos relacionados con el contrato de trabajo, así como las modalidades de contratación más importantes, los tipos de contrato vigentes en la actualidad y las subvenciones, exenciones y reducciones que gozan cada uno de ellos.

2. Organismos y órganos que intervienen en relación con el contrato de trabajo

Tal y como se ha ido comentando en el capítulo anterior, la Constitución española de 1978 establece que los poderes públicos deben desarrollar la política laboral del país y velar por su adecuado cumplimiento.

Para asegurar dicho cumplimiento se crearon una serie de organismos laborales que se encuentran encuadrados dentro del ministerio encargado del empleo, servicios sociales e igualdad, entre otros.

Los principios y criterios fundamentales de la legislación laboral son los mismos para todo el Estado y, en consecuencia, todas las competencias del ministerio alcanzan por igual a todas las comunidades autónomas, independientemente de las disposiciones propias que estas dicten en la materia.

Se pueden clasificar los organismos laborales en tres grandes grupos:

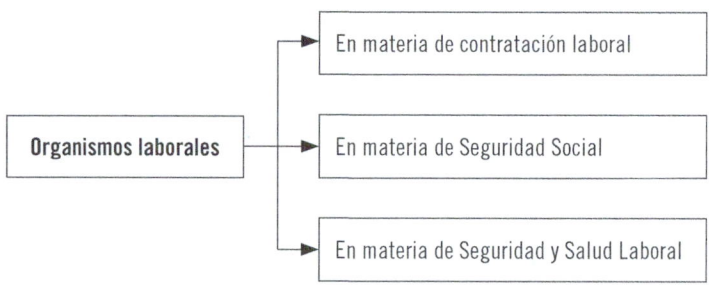

En los siguientes apartados se irán comentando los distintos organismos laborales que se pueden encontrar dentro de cada clasificación y sus principales características y funciones.

2.1. En materia de contratación laboral

Los poderes públicos deben fomentar una política que garanticen la formación y readaptación profesionales, además de promover las condiciones favorables para el progreso social y económico. Así, aunque en el ordenamiento jurídico español rija el principio de libertad en el ámbito de la contratación, en determinadas ocasiones será el Estado el que establezca obligatoriamente un modelo de contrato aprobado de forma legal.

Además, las Administraciones públicas deberán colaborar con los ciudadanos en la búsqueda de empleo, teniendo también competencias delegadas las Comunidades Autónomas.

El principio de libertad jurídica de pactos entre los dos agentes que forman parte de un contrato no es de gran aplicación en el ámbito laboral, ya que el Estado interviene en la relación existente entre las partes para proteger al trabajador.

A nivel estatal los principales organismos que se encargan de llevar a cabo políticas de empleo y de gestionar todo lo relacionado con las relaciones laborales y la protección al trabajador son: el Ministerio de Trabajo y Economía Social y el Ministerio de Inclusión, Seguridad Social y Migraciones.

No obstante, hay dos organismos fundamentales que también intervienen en la relación con el contrato de trabajo a nivel estatal:

- Servicio Público de Empleo Estatal o SEPE, de carácter público.
- Empresas de Trabajo Temporal o ETT, de carácter privado; empresas intermediarias que tienen como finalidad facilitar al empresario el trabajador más adecuado para el puesto de trabajo solicitado.

Servicio Público de Empleo Estatal (SEPE)

El Servicio Público de Empleo Estatal o SEPE es un organismo autónomo que está adscrito al Ministerio de Trabajo y Economía Social y forma, junto con los distintos servicios públicos de empleo de las comunidades autónomas, el Sistema Nacional de Empleo (SNE).

 Nota

El Sistema Nacional de Empleo ha asumido las funciones del Instituto Nacional de Empleo (INEM) desde que se extinguió en 2003.

Su función principal es promover, diseñar y desarrollar medidas y acciones para el empleo, acciones de ejecución descentralizadas y adaptadas a las peculiaridades de cada territorio.

Además, atendiendo a lo establecido en la Ley de Empleo, tiene encomendada la ordenación, desarrollo y seguimiento de los programas y medidas de la política de empleo.

Este organismo está compuesto por:

- Los servicios centrales.
- Una red territorial de oficinas repartidas entre las 50 provincias y las ciudades autónomas de Ceuta y Melilla.
- La Sede Electrónica del Servicio Público de Empleo Estatal, disponible en este enlace: <https://www.sepe.es>, que se ha convertido en el principal recurso para gestionar la cumplimentación, comunicación, modificación, transformación del contrato de trabajo. Es necesario certificado digital, DNI electrónico o una clave personal de acceso que se le asigna a la empresa cuando solicita la autorización para operar.
- El SEPE tiene disponible diversos canales de comunicación telefónica. Cuenta con un teléfono específico para solicitar cita previa para la realización de operaciones presenciales o a través de la página web del organismo. Además, el canal de atención telefónica de la Administración General del Estado (060) se utiliza como medio de consultas sobre los distintos trámites que se realizan en el organismo.

Si se observa la estructura administrativa del SEPE se puede apreciar que, por una parte, tiene efectivamente los servicios centrales, desde los cuales se gestionan y organizan los aspectos más relevantes del organismo como, por ejemplo, las relaciones institucionales, la gestión financiera o los recursos, entre otros.

Por otra parte, tiene una estructura periférica formada por la red territorial comentada anteriormente. Además de las oficinas de prestaciones, dispone de una serie de comisiones ejecutivas territoriales, direcciones provinciales y coordinadores territoriales.

Nota

El Servicio Público de Empleo, en su apartado de Políticas Activas de Empleo, establece, junto con las Comunidades Autónomas, los siguientes instrumentos de coordinación del SNE (Sistema Nacional de Empleo): la Estrategia Española para la Activación de Empleo, los Planes Anuales de Políticas de Empleo (PAPE) y el Sistema de Información de los Servicios Públicos de Empleo.

Organigrama del SEPE

SERVICIO PÚBLICO DE EMPLEO ESTATAL

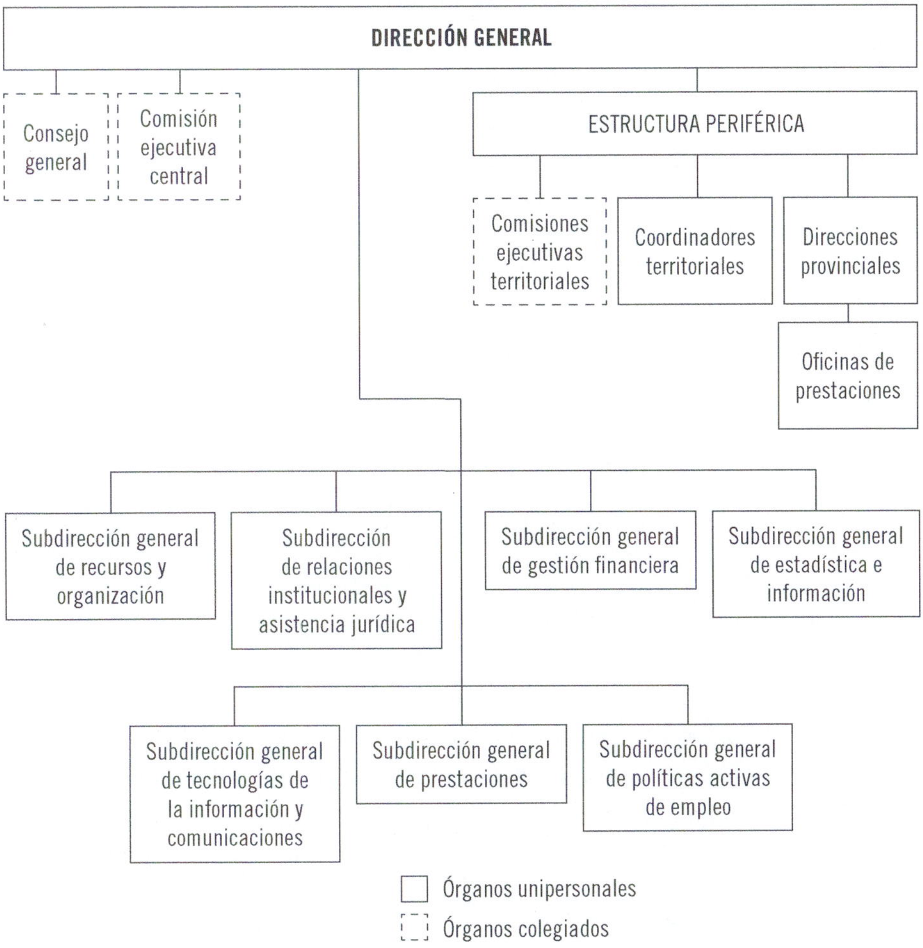

- DIRECCIÓN GENERAL
  - Consejo general
  - Comisión ejecutiva central
  - ESTRUCTURA PERIFÉRICA
    - Comisiones ejecutivas territoriales
    - Coordinadores territoriales
    - Direcciones provinciales
      - Oficinas de prestaciones
  - Subdirección general de recursos y organización
  - Subdirección de relaciones institucionales y asistencia jurídica
  - Subdirección general de gestión financiera
  - Subdirección general de estadística e información
  - Subdirección general de tecnologías de la información y comunicaciones
  - Subdirección general de prestaciones
  - Subdirección general de políticas activas de empleo

☐ Órganos unipersonales

⌐ ⌐ Órganos colegiados

La actividad que desarrolla el SEPE se dirige principalmente a los siguientes colectivos:

- Trabajadores ocupados, trabajadores desempleados y desempleados de larga duración.
- Emprendedores que tengan una idea de negocio.
- Jóvenes
- Empresas
- Administraciones públicas y entidades sin ánimo de lucro.

En definitiva, la misión principal del SEPE es fomentar el desarrollo de la política de empleo y gestionar el sistema de protección por desempleo, además de garantizar que haya información suficiente sobre el mercado laboral para fomentar la inserción y permanencia de los ciudadanos en el mercado laboral y mejorar el capital humano de las organizaciones. Para ello, cuenta con la colaboración de los servicios públicos de empleo de carácter autonómico y de los demás agentes relacionados del ámbito local.

Los principales servicios que ofrece el Servicio Público de Empleo son los siguientes:

- **Servicios de Información:**

  - Información general y asistencia personalizada.
  - Información Institucional.

- **Servicios de Gestión:**

  - Servicios para los trabajadores ocupados, trabajadores desempleados demandantes de empleo y desempleados de larga duración:

    - Tramitación y pago de: prestaciones por desempleo contributivas, Subsidios por desempleo, Renta Activa de Inserción (RAI), Renta Agraria (Andalucía y Extremadura).
    - Inscripción en ofertas de empleo y búsqueda de ofertas de empleo, inclusión de currículum vítae para favorecer la movilidad

territorial, a través de *Empléate:* Portal Único de Empleo y del portal europeo EURES.

I Obtención del registro Cl@ve de identificación y firma electrónica para cualquier trámite con las Administraciones, incluida el SEPE.

I Servicios para emprendedores (entre otros):

I Tramitación y pago del abono acumulado de la prestación por desempleo: capitalización (o pago único) para el fomento del empleo autónomo.

I Servicios para jóvenes (entre otros):

I Inscripción en el Registro del Sistema Nacional de Garantía Juvenil.
I Servicio de información y apoyo telefónico.

I Servicios para las empresas (entre otros):

I Información General sobre las Agencias de Colocación, así como la Gestión de la actividad que realizan las Agencias que operan en todo el Estado.
I Comunicación por vía electrónica de la contratación laboral a través de la aplicación Contrat@ que da soporte a empresas para cumplir sus obligaciones, solicitar el alta y modificaciones y adjuntar documentación a través de dicha aplicación.
I Gestión de la formación profesional para el empleo de ámbito nacional en colaboración con la Fundación Estatal para la Formación en el Empleo.
I Registro de contratos de trabajadores autónomos económicamente dependientes.

I Servicios para las administraciones públicas y entidades sin ánimo de lucro:

I Concesión de subvenciones en el ámbito de la colaboración con órganos de la Administración del Estado e instituciones, sin ánimo de lucro, que contraten a desempleados para realizar servicios de interés general y social.

I Gestión de la concesión de subvenciones a Corporaciones Locales del Programa de Fomento de Empleo Agrario.

I Concesión de subvenciones para la puesta en marcha de los programas de Escuelas Taller, Casas de Oficio y Talleres de Empleo en el ámbito de gestión del SEPE.

I Gestión de acciones de Formación Profesional para el empleo, formación dirigida a personal militar de tropa y marinería, y servicios a personas en situación de privación de libertad.

Empresas de Trabajo Temporal o ETT

Las empresas de trabajo temporal o ETT son aquellas que tienen como actividad principal poner a disposición de otras empresas trabajadores contratados por ellas con carácter temporal, mediante contratos temporales y contratos fijos-discontinuos, según las necesidades de las empresas usuarias.

En resumen, las ETT son intermediarias entre empresas y trabajadores. Cuando una empresa necesita cubrir un puesto de trabajo, de carácter temporal o fijo-discontinuo, puede recurrir a una Empresa de Trabajo Temporal y establecer con esta una relación mercantil mediando contrato.

A partir de la firma del contrato, la ETT se encarga de buscar y seleccionar al trabajador o trabajadores más adecuados para cubrir el puesto solicitado por la empresa contratante y establece con ellos una relación laboral.

Es decir, el nuevo empleado prestará sus servicios a la empresa que tenía el puesto de trabajo, pero estará contratado por la ETT, estableciéndose una triple relación:

■ La relación entre la ETT y el trabajador, ya que este es contratado por la ETT.

■ La relación entre la ETT y la empresa usuaria, que establecen a través de un contrato mercantil.

■ La relación entre el trabajador y la empresa usuaria, ya que este prestará sus servicios en ella bajo su dirección y autoridad.

Toda empresa o cooperativa de trabajo que quiera dedicarse a la actividad de las ETT debe cumplir con una serie de requisitos:

- Obtener autorización administrativa previa.
- Disponer de una estructura organizativa a través de la cual pueda cumplir las obligaciones que deberá asumir como empleador. Además, debe contar con una plantilla mínima de doce trabajadores con contrato indefinido, a tiempo parcial o completo.
- Dedicarse de forma exclusiva a la actividad constitutiva de Empresa de Trabajo Temporal.
- Estar al corriente de sus obligaciones tributarias y en materia de Seguridad Social.
- Garantizar el cumplimiento de las obligaciones salariales, indemnizatorias y con la seguridad social.
- No haber sido sancionada con la suspensión de la actividad dos o más veces anteriormente.
- Incluir en su denominación el término de "Empresa de Trabajo Temporal" o su abreviatura "ETT".

 Actividades

1. Realice un esquema con los organismos que intervienen en relación con el contrato de trabajo en materia de contratación laboral e indique sus funciones y objetivos principales.
2. Busque información adicional sobre las Empresas de Trabajo Temporal (ETT) y comente cuáles son las más relevantes con carácter nacional.

2.2. En materia de Seguridad Social

En materia de Seguridad Social se pueden destacar los cuatro organismos fundamentales que gestionan el sistema de la Seguridad Social:

Instituto Nacional de la Seguridad Social o INSS

El Instituto Nacional de la Seguridad Social (INSS) tiene como características principales las siguientes:

- Es una Entidad Gestora de la Seguridad Social, con personalidad jurídica propia, dependiente del Ministerio de Inclusión, Seguridad Social y Migraciones.
- Tiene encomendada la gestión y administración de las prestaciones económicas del sistema de la Seguridad Social, con excepción de aquellas cuya gestión esté atribuida al IMSERSO o servicios competentes de las Comunidades Autónomas, así como el reconocimiento del derecho a la asistencia sanitaria.
- La lista de sus competencias es muy extensa, se destacan las siguientes:

  - El reconocimiento y control del derecho a las prestaciones económicas del Sistema de la Seguridad Social, en su modalidad contributiva: jubilación, incapacidad temporal, incapacidad permanente, seguro escolar, etc.
  - El reconocimiento y control de las prestaciones familiares de modalidad no contributiva.
  - El reconocimiento y control de la condición de persona asegurada y beneficiaria, ya sea como titular, familiar o asimilado, a efectos de su cobertura sanitaria.

Logotipo del INSS

Instituto Social de la Marina (ISM)

El Instituto Social de la Marina es una Entidad de derecho público con personalidad jurídica propia, de ámbito nacional que actúa bajo la dirección y tutela del Ministerio de Inclusión, Seguridad Social y Migraciones. Se encarga principalmente de:

- La gestión, administración y reconocimiento del derecho a las prestaciones del Régimen Especial de la Seguridad Social de los Trabajadores del Mar.
- En colaboración con la Tesorería General, la inscripción de empresas, afiliación, altas y bajas de trabajadores, recaudación y control de cotizaciones.
- La asistencia sanitaria de los trabajadores del mar y sus beneficiarios dentro del territorio nacional.

La Tesorería General de la Seguridad Social (TGSS)

La TGSS es un servicio común de la Seguridad Social, dependiente del Ministerio de Inclusión, Seguridad Social y Migraciones, con personalidad jurídica propia, donde se unifican todos los recursos económicos y la administración financiera del Sistema de la Seguridad Social.

Está encargada asimismo de la gestión de determinadas funciones comunes a las distintas Entidades Gestoras del Sistema de la Seguridad Social.

Entre sus funciones más importantes destacan:

- La inscripción de empresas.
- La afiliación, altas y bajas de los trabajadores.
- La gestión y control de la cotización y de la recaudación de las cuotas y demás recursos de financiación del Sistema de la Seguridad Social.

- El aplazamiento o fraccionamiento de las cuotas de la Seguridad Social.
- La titularidad, gestión y administración de los bienes y derechos que constituyen el patrimonio único de la Seguridad Social, sin perjuicio de las facultades que las Entidades Gestoras de la Seguridad Social, las Mutuas de Accidentes de Trabajo y Enfermedades Profesionales y el Instituto Nacional de Salud tienen atribuidas.
- La gestión aseguradora de los accidentes de trabajo.

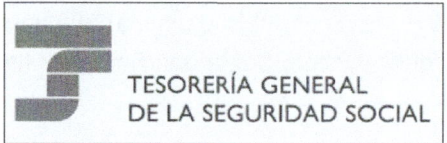

TESORERÍA GENERAL
DE LA SEGURIDAD SOCIAL

Logotipo de la TGSS

 **Nota**

La página web de la Tesorería General de la Seguridad Social cuenta con apartados específicos para gestionar los trámites relacionados con el trabajo autónomo, el empleo de hogar y los artistas.

Gerencia de Informática de la Seguridad Social

La Gerencia de informática de la Seguridad Social es un servicio común para la gestión y administración de las tecnologías de la información y las comunicaciones en el sistema de Seguridad Social, con personalidad jurídica propia y dependiente del Ministerio de Inclusión, Seguridad Social y Migraciones.

Entre sus competencias más importantes están las de:

- La elaboración y proposición a las Entidades Gestoras, Tesorería General de la Seguridad Social e Intervención General de la Seguridad Social de los planes directivos de sistemas de tecnologías de la información y de las tele-comunicaciones, para su posterior presentación ante el Consejo general de tecnologías de la información y las comunicaciones de la Seguridad Social.

- La propuesta de creación, desarrollo y modificación de los sistemas de información.
- La evaluación, auditoría e inventario de los sistemas de información vigentes y la propuesta de modificaciones a estos, a fin de garantizar su perfecta coordinación en el esquema general de actuación.
- El mantenimiento del inventario de recursos de la totalidad de los sistemas de información.

Actividades

3. Indique las principales diferencias entre los distintos organismos laborales en materia de Seguridad Social comentados a lo largo del apartado.

2.3. En materia de Seguridad y Salud Laboral

En materia de Seguridad y Salud Laboral hay que destacar tres organismos fundamentales:

- **Instituto Nacional de Seguridad y Salud en el Trabajo (INSST):** el INSST es el órgano científico técnico especializado de la Administración General del Estado (AGE), cuya misión es el análisis y estudio de las condiciones de seguridad y salud en el trabajo, así como la promoción y apoyo a la mejora de las mismas.

Las principales funciones del INSST son:

- Asesoramiento técnico en la elaboración de la normativa legal.
- Promoción y, en su caso, realización de actividades de formación, información, investigación, estudio y divulgación en materia de prevención de riesgos laborales.
- Apoyo técnico y colaboración con la Inspección de Trabajo y Seguridad Social (ITSS).

- **Inspección de Trabajo y Seguridad Social (ITSS):** su nombre oficial es Organismo Estatal de Inspección de Trabajo y Seguridad Social (aunque se conoce por ITSS), tiene personalidad jurídica pública diferenciada, autonomía de gestión y plena capacidad jurídica y de obrar.

Los principales servicios prestados por la Inspección de Trabajo y Seguridad Social son:

- Servicios de vigilancia y exigencia del cumplimiento de las normas legales, reglamentarias y contenido normativo de los convenios colectivos.
- Servicios de asistencia técnica.
- Servicios de arbitraje, conciliación y mediación.
- Actuaciones inspectoras derivadas de los servicios prestados por la Inspección de Trabajo y de Seguridad Social.

- **Comisión Nacional de Seguridad y Salud en el Trabajo (CNSST):** la CNSST, está integrada por representantes de la Administración General del Estado, de las Administraciones de las Comunidades Autónomas y por representantes de las organizaciones empresariales y sindicales más representativas.

Entre otros cometidos, tiene los siguientes:

a. Conocerá las actuaciones de asesoramiento técnico y vigilancia de las actividades que desarrollen las Administraciones públicas competentes.

b. Coordina las actuaciones entre la Administración General del Estado (AGE) y las comunidades autónomas en materia de prevención de riesgos laborales.

c. Fija los criterios directrices que debe realizar el INSST, con el fin de poderle prestar asistencia técnica, científica y administrativa.

2.4. Documentación y trámites previos al inicio de la relación laboral

La función de vigilancia y control de las condiciones laborales por parte de la Administración que se han ido comentando a lo largo de los distintos capítulos no solo se realiza cuando existe una relación laboral, también se lleva a cabo previamente a la formalización del contrato de trabajo.

Por ello, todo empresario que vaya a suscribir un contrato de trabajo con un empleado, debe llevar a cabo una serie de trámites con anterioridad:

Inscripción de la empresa en la Seguridad Social

Si es la primera vez que una empresa contrata a trabajadores, esta deberá inscribirse en la Seguridad Social, solicitando la inscripción en la Tesorería General de la Seguridad Social, a través de sus direcciones provinciales o de las Administraciones correspondientes.

Con la inscripción se asigna al empresario un Código de Cuenta de Cotización, código que le servirá para identificarse cuando realice cualquier trámite en la Seguridad Social.

 Nota

El número de la Seguridad Social de un trabajador es un código de carácter vitalicio que se utiliza para identificarlo dentro del sistema de la Seguridad Social.

La solicitud de inscripción a la Seguridad Social se realiza cumplimentando y presentando el modelo oficial TA.6.

Esta solicitud deberá acompañarse de los siguientes documentos:

- Documento identificativo del titular de la empresa que se inscribe.
- Documento emitido por el Ministerio de Hacienda y Función Pública en el que se asigna el Número de Identificación Fiscal (NIF), en el que conste la actividad económica de la empresa.

Para solicitar la asignación de un Código de Cuenta de Cotización (CCC) se debe rellenar el modelo oficial TA.7.

Solicitud de afiliación del trabajador o trabajadores

Si se trata de la primera vez que se contrata al trabajador, la empresa debe solicitar su afiliación a la Seguridad Social para obtener su número de la Seguridad Social.

La solicitud de afiliación debe realizarse previamente a la solicitud de alta y se formalizará cumplimentando el modelo TA.1 (solicitud de afiliación a la Seguridad Social, asignación de número de Seguridad Social y variación de datos). En este caso, solo deberá presentarse el documento identificativo del trabajador (DNI, tarjeta de extranjero o pasaporte).

Alta del trabajador

El alta del trabajador se solicita para comunicar a la Seguridad Social que el empleado está desempeñando su trabajo en la empresa, de forma activa. Así, se comunica que el trabajador está prestando sus servicios en la empresa desde una fecha determinada y que, en consecuencia, a partir de ese momento nacen una serie de deberes para el empresario y el trabajador con la Seguridad Social.

Para dar de alta a un trabajador, debe cumplimentarse el modelo TA.2/S (solicitud de alta, baja y variación de datos del trabajador por cuenta ajena o asimilada) y estará compuesto, fundamentalmente, por los siguientes datos:

- Nombre o razón social del empresario que contrata al trabajador.
- Código de Cuenta de Cotización del empresario.
- Régimen de Seguridad Social.
- Nombre y apellidos del trabajador que se va a dar de alta.
- Número de Seguridad Social del trabajador.
- DNI del trabajador.
- Domicilio.
- Fecha de inicio de la actividad del trabajador.
- Grupo de cotización.
- Tipo de contrato y, si procede, coeficiente de jornada.
- Ocupación.

Registro y comunicación del contrato de trabajo

Una vez firmado el contrato, la empresa dispone de diez días para remitir una de las copias al Servicio de Empleo Público Estatal (SEPE) para su registro.

Si el contrato no está formalizado por escrito, el empresario está igualmente obligado a comunicar el mismo en el plazo de diez días desde su inicio.

 **Nota**

Desde 2014, la comunicación del contrato de trabajo de un empleado debe llevarse a cabo a través del servicio Contrat@ del SEPE.

Ingreso de cuotas de cotización

Una vez iniciada la relación laboral, el empresario debe cumplir con las cuotas de cotización del trabajador. En otras palabras, tiene que ingresar las aportaciones económicas que tienen que realizar tanto trabajador como empresa a la Seguridad Social con carácter mensual.

Para ello, el empresario deberá llevar a cabo una serie de trámites con la Tesorería General de la Seguridad Social, que se puede resumir en:

- La transmisión de todos aquellos datos de los trabajadores desconocidos por la Tesorería, tales como: bases de cotización del primer mes de contratación, número de horas extraordinarias, etc. Datos que serán procesados por la Tesorería y, de no existir errores, enviará a la empresa el borrador de la Relación Nominal de Trabajadores (RNT), anteriormente conocido como TC2.
- Recepción por la empresa, dentro de los plazos establecidos, del Recibo de Liquidación de Cotización (RLC), anteriormente llamado TC1, para su pago dentro del plazo reglamentario.

Esta documentación se presenta de forma telemática a través del Sistema RED – RED Directo, orientado a la pequeña y mediana empresa, para facilitarles el cumplimiento de sus obligaciones con la Seguridad Social, mediante conexión directa en tiempo real con la TGSS.

Actividades

4. ¿En qué consiste el Sistema de Liquidación Directa? Razona tu respuesta.
5. Acceda a la web de la Seguridad Social, descárguese los modelos RNT y RLC y analice cómo deben cumplimentarlo las empresas para comunicar las cotizaciones de sus trabajadores.

 Aplicación práctica

Juan acaba de terminar su carrera universitaria y ha conseguido su primer trabajo en la empresa Metales Gómez, S. A., empresa que cuenta con 250 trabajadores y lleva en activo más de diez años.

¿Cuáles son los trámites que deberá realizar la empresa para que Juan pueda comenzar a trabajar en ella?

SOLUCIÓN

Al ser la primera vez que Juan realiza un trabajo, la empresa Metales Gómez, S. A., deberá solicitar su afiliación en el sistema de la Seguridad Social para que le asignen su código de la Seguridad Social.

Una vez solicitada su afiliación, la empresa deberá comunicar el alta del trabajador, indicando la fecha en la que Juan comienza a trabajar a través del modelo TA.2-S.

En el plazo de diez días desde el inicio de la relación laboral, la empresa deberá remitir una copia firmada del contrato al Servicio de Empleo Público Estatal o SEPE para su registro.

Tanto el alta del trabajador como la comunicación de la contratación pueden realizarse vía telemática, en cuyo caso no sería necesario acudir directamente al Servicio Público de Empleo.

Cuando ya comience a trabajar, la empresa estará obligada a ingresar las cuotas de cotización del trabajador mensualmente.

3. El contrato de trabajo

En términos genéricos, un contrato de trabajo es un acuerdo de voluntades entre dos partes, contratado y empleador, a través del cual se originan una serie de derechos y obligaciones para ambas partes.

En el contrato de trabajo se establecen las condiciones que deben cumplir cada una de las partes durante la vigencia del mismo. Además, se establece también la entrega de una remuneración por parte del empresario al trabajador, a cambio de la prestación laboral de este.

En los siguientes subapartados se irán comentando las distintas clases de contratos de trabajo, modalidades de contratación laboral y las principales subvenciones, exenciones y reducciones existentes en la contratación laboral.

Con la finalidad de erradicar la temporalidad se estableció, en el año 2021, como la norma de contratación el contrato indefinido o contrato fijo. Tal y como expresa el TRLET en su Art. 15: "El contrato de trabajo se presume concertado por tiempo indefinido".

3.1. Concepto y clases

El Texto Refundido del Estatuto de los Trabajadores establece expresamente, en su artículo 1.1, lo siguiente:

> *Esta ley será de aplicación a los trabajadores que voluntariamente presten sus servicios retribuidos por cuenta ajena y dentro del ámbito de organización y dirección de otra persona, física o jurídica, denominada empleador o empresario.*

De ahí se deduce lo comentado en el apartado anterior: un contrato de trabajo es aquel en el cual se incluyen las condiciones para trabajadores que presten voluntariamente sus servicios retribuidos por cuenta ajena, bajo la dirección y organización de otra persona, que puede ser tanto física como jurídica.

 **Nota**

Dependiendo del tipo de contrato de trabajo, las condiciones, derechos y obligaciones del trabajador y del empresario pueden ser considerablemente distintos.

No obstante, se establecen una serie de requisitos imprescindibles para la existencia de un contrato de trabajo:

- **Objeto:** el objeto del contrato de trabajo tiene una doble vertiente, ya que por parte del trabajador consistiría en la prestación del trabajo y, por parte del empresario, en la entrega de la retribución.
- **Consentimiento:** la firma de un contrato de trabajo supone un consentimiento por ambas partes de las condiciones que se establecen en este, consentimiento que debe ser libre y consciente.
- **Causa:** se trata de la razón por la cual se lleva a cabo dicho contrato de trabajo.

Actualmente, la ingente cantidad de contratos que existían se aglutinan en los tres principales modelos de contrato que recoge el TRLET y que se relacionan a continuación:

- **Contrato por tiempo indefinido (comúnmente llamado contrato fijo).** Es la norma de contratación laboral, según Art. 15.1 del ET. Contrajo relevante importancia el Contrato fijo-discontinuo, desarrollado en el Art. 16 del TRLET. Más adelante se detallará este tipo de contrato.
- **Contrato por tiempo determinado (o contrato temporal).** Se restringe actualmente a solo dos supuestos: por circunstancias de la producción y por sustitución de persona trabajadora. Tiene por objeto el establecimiento de una relación laboral entre empresario y trabajador por un tiempo determinado. El contrato de trabajo temporal podrá celebrarse a jornada completa o parcial.
- **Contrato de Formación.** El artículo primero del R. D. Ley 32/2021 establece estas dos modalidades de contrato de formación:

- **Contrato de formación en alternancia.** Tiene como objetivo el que una persona trabajadora pueda compatibilizar el trabajo con la formación; ya sea formación profesional, estudios universitarios o formación del catálogo de especialidades formativas del Sistema Nacional de empleo.
- **Contrato de formación para la obtención de práctica profesional.** Se puede celebrar con quien esté en posesión de un título universitario o un título de grado medio o superior, especialista, master o certificado del sistema de formación profesional, ampliándose ahora a quienes hayan obtenido un título de enseñanzas artísticas o deportivas del sistema educativo.

3.2. Modalidades de contratación laboral y requisitos

Como se apunta en el apartado anterior, destacan estas tres modalidades de contrato de trabajo: **contrato por tiempo indefinido** (comúnmente llamados contratos fijos), **contrato por tiempo determinado** (o temporal) y **contratos de formación:** contrato de formación en alternancia con el trabajo retribuido y contrato formativo para la obtención de la práctica profesional adecuada.

A lo largo de este apartado se irán comentando las características de las distintas modalidades de contratación, junto con los requisitos fundamentales para que se lleve a cabo cada tipo de contrato.

Contratos indefinidos

Como ya se ha ido mencionando, un contrato indefinido ordinario es aquel en el que no hay un límite de tiempo estipulado para la finalización de la relación laboral, es decir, no hay una duración determinada del contrato de trabajo.

Esta modalidad de contratos permite la formalización de contratos, tanto verbales como escritos, y podrán celebrarse a jornada completa, parcial o para la prestación de servicios fijos discontinuos.

No obstante, en el caso de relaciones laborales indefinidas será imprescindible que consten, por escrito, los siguientes contratos y/o aspectos:

- Contratos acogidos al programa de fomento del empleo, cuando lo exija una disposición legal.
- Contratos a tiempo parcial.
- Contratos fijos-discontinuos.
- Contratos de relevo.
- Contratos de trabajadores que desempeñen su trabajo a distancia.
- Empleados contratados en España al servicio de empresas españolas en el extranjero.

Los contratos indefinidos pueden gozar en determinadas ocasiones de beneficios procedentes de incentivos a la contratación, siempre que se cumplan los requisitos estipulados por la normativa en cada caso dependiendo, además, de las características de la empresa que contrata, del trabajador y de la jornada laboral de este.

El contrato **fijo-discontinuo** adquirió especial relevancia como alternativa al contrato por obra y servicio con la finalidad de acabar con la excesiva temporalidad y, por tanto, inestabilidad del mercado laboral español.

Este contrato, que desarrolla el art. 16 del TRLET, se formaliza para la realización de trabajos con carácter estacional o vinculado a actividades productivas de temporada. También para todos aquellos trabajos que sean de prestación intermitente y tengan periodos ciertos, ya sean determinados o indeterminados.

Tanto la formalización como el llamamiento posterior han de ser por escrito.

Un aspecto muy relevante es que a los trabajadores se les calcula su antigüedad durante todo el periodo de duración del contrato, no solo del tiempo efectivo de trabajo. Si se firma por dos años (aunque el tiempo de trabajo sea el verano, por ejemplo) se calcularán los dos años como antigüedad.

Otro aspecto importante que se introdujo fue otorgar la capacidad a las empresas de trabajo temporal (ETT) para celebrar estos contratos con el objeto de cesión de trabajadores a las empresas usuarias.

Contrato de duración determinada o contrato temporal

El Artículo 15 del ET desarrolla el contrato por tiempo determinado o contrato temporal. Destacan los siguientes aspectos:

- La empresa ha de justificar la temporalidad de la contratación en el contrato.
- Los derechos de las personas trabajadoras con contrato temporal serán exactamente los mismos que los de las personas con contratos de duración indefinida, o fijas.
- El contrato de trabajo de duración determinada solo podrá celebrarse en estos dos supuestos:

  Por circunstancias de la producción:

  - *(...) Se entenderá por circunstancias de la producción el incremento ocasional e imprevisible y las oscilaciones que, aun tratándose de la actividad normal de la empresa, generan un desajuste temporal entre el empleo estable disponible y el que se requiere.* Por ejemplo, entre las oscilaciones a que se refiere el texto se entienden incluidas aquellas que derivan de las vacaciones anuales. Su duración no puede en ningún caso exceder de los 6 meses.
  - *Las empresas podrán formalizar contratos por circunstancias de la producción para atender situaciones ocasionales, previsibles y que tengan una duración reducida y delimitada (...). Las empresas solo podrán utilizar este contrato un máximo de noventa días en el año natural, independientemente de las personas trabajadoras que sean necesarias para atender en cada uno de dichos días las concretas situaciones, que deberán estar debidamente identificadas en el contrato. Estos noventa días no podrán ser utilizados de manera continuada.*

  Por sustitución de persona trabajadora con derecho a puesto de trabajo:

▪ Cuando se formalice un contrato de este tipo se debe especificar el nombre de la persona sustituida y la causa de la sustitución.

▪ *El contrato de sustitución podrá concertarse para completar la jornada reducida por otra persona trabajadora, cuando dicha reducción se ampare en causas legalmente establecidas o reguladas en el convenio colectivo y se especifique en el contrato el nombre de la persona sustituida y la causa de la sustitución.*

▪ También podrá celebrarse para: *la cobertura temporal de un puesto de trabajo durante el proceso de selección o promoción para su cobertura definitiva mediante contrato fijo, sin que su duración pueda ser en este caso superior a tres meses.*

▪ *Asimismo, el contrato de sustitución podrá concertarse para completar la jornada reducida por otra persona trabajadora (...).* El ejemplo más aclaratorio de este tipo es el de la conciliación familiar.

▪ Los contratos que incumplan lo establecido en este artículo 15 pasarán automáticamente a tener la condición de fijos.

Contrato para la formación

Como ya se ha explicado, existen dos clases de contrato para la formación, que son los siguientes:

▪ **Contrato para la formación en alternancia.** El contrato formativo tendrá por objeto la formación en alternancia con el trabajo retribuido por cuenta ajena en los términos establecidos en el apartado 2, o el desempeño de una actividad laboral destinada a adquirir una práctica profesional adecuada a los correspondientes niveles de estudios.

El contrato de formación en alternancia, que tendrá por objeto compatibilizar la actividad laboral retribuida con los correspondientes procesos formativos en el ámbito de la formación profesional, los estudios universitarios o del Catálogo de especialidades formativas del Sistema Nacional de Empleo.

Se podrá celebrar con personas que carezcan de la cualificación profesional reconocida por las titulaciones o certificados requeridos para concertar un contrato formativo para la obtención de práctica profesional:

a. La actividad desempeñada por la persona trabajadora en la empresa deberá estar directamente relacionada con las actividades formativas que justifican la contratación laboral.

b. La persona contratada contará con una persona tutora designada por el centro o entidad de formación y otra designada por la empresa. Esta última, que deberá contar con la formación o experiencia adecuadas para tales tareas, tendrá como función dar seguimiento al plan formativo individual en la empresa.

c. Son parte sustancial de este contrato tanto la formación teórica dispensada por el centro o entidad de formación o la propia empresa, cuando así se establezca, como la correspondiente formación práctica dispensada por la empresa y el centro.

d. La duración del contrato será la prevista en el correspondiente plan o programa formativo, con un mínimo de tres meses y un máximo de dos años.

e. La retribución no puede ser inferior al 60 % el primer año, de la retribución correspondiente a las funciones desempeñadas; ni al 75 % durante el segundo. En ningún caso la retribución puede ser inferior al SMI.

■ **Contrato de formación para la obtención de práctica profesional.** El contrato formativo para la obtención de la práctica profesional adecuada al nivel de estudios se regirá por las siguientes reglas:

a. Se podrá concertar con aquellas personas que posean título universitario, título de grado medio o superior, especialista, máster profesional o certificado del sistema de formación profesional, así como las que posean título equivalente de enseñanzas artísticas o deportivas del sistema educativo, siempre que capaciten para el ejercicio profesional.

b. La duración de este contrato no podrá ser inferior a seis meses ni exceder de un año.

c. Se podrá establecer un periodo de prueba que en ningún caso podrá exceder de un mes.

d. Este puesto de trabajo debe permitir la obtención de la práctica profesional adecuada al nivel de estudios objeto del contrato. La empresa elaborará el plan formativo individual en el que se especifique el contenido de la práctica profesional, y asignará tutor o tutora que cuente con la formación o experiencia adecuadas para el seguimiento y cumplimiento del objeto del contrato.

e. Las personas con contratos de formación no podrán realizar horas extraordinarias.

f. En ningún caso la retribución podrá ser inferior a la retribución mínima establecida para el contrato para la formación en alternancia ni al salario mínimo interprofesional en proporción al tiempo de trabajo efectivo.

 Nota

Para los contratos de formación para la obtención de la práctica profesional no existe límite de edad, pero sí habrán de celebrarse dentro de los 3 años siguientes a la finalización de los estudios. En caso de personas con discapacidad, este periodo será de 5 años.

Requisitos y trámites para la contratación

Ante los distintos tipos de contratos mencionados a lo largo del apartado, hay que tener en cuenta los requisitos que deben cumplirse para tener capacidad para contratar. Podrán contratar aquellos que cumplan los siguientes requisitos:

- Mayores de 18 años.
- Menores de 18 años legalmente emancipados.
- Mayores de 16 años y menores de 18 siempre que:

  - Vivan de forma independiente con el consentimiento expreso o tácito de sus padres o tutores.
  - Tengan autorización de los padres o de quien los tenga a su cargo.

- Extranjeros de acuerdo con la legislación vigente que les sea aplicable.

Además, el empresario, siempre que la relación laboral dure más de cuatro semanas, deberá informar al trabajador sobre los elementos esenciales del trabajo, las condiciones de este y las tareas a desempeñar; todo ello de forma escrita y en un plazo máximo de dos meses desde el inicio de la relación laboral.

La información deberá incluir o expresar precisa y concretamente la referencia legal, reglamentaria o el convenio colectivo que les sea de aplicación. Además, el contrato deberá recoger los siguientes aspectos:

- Identidad de las partes del contrato laboral.
- Fecha de inicio de la relación laboral y, ante contratos temporales, la duración previsible de estos.
- Domicilio social de la empresa y centro de trabajo en el que presten sus servicios de forma habitual.
- Grupo profesional del puesto de trabajo que va a desempeñar el trabajador.
- Importe del salario base inicial y de los complementos iniciales, además de la periodicidad de su retribución.
- Duración y distribución de la jornada ordinaria de trabajo.
- Duración de las vacaciones y las distintas formas de atribuirlas y determinarlas en la empresa contratante.
- Plazos de preaviso que deben respetar tanto el empresario como el trabajador ante casos de extinción del contrato.
- Convenio colectivo aplicable.

Comunicación de las contrataciones

La comunicación del contenido de los contratos de trabajo se realizará de forma telemática a través del sistema Contrat@ del Servicio Público de Empleo (de forma muy intuitiva y ágil) o bien de la web de los Servicios Públicos de Empleo de las Comunidades Autónomas. Por ejemplo, en Andalucía el sistema se denomina GEScontrata.

Los empresarios tienen la obligación de comunicar el contenido de los contratos de trabajo o las prórrogas de estos a los Servicios Públicos de Empleo en un plazo de diez días hábiles desde el momento de la concertación.

Si se comunica la contratación directamente al Servicio Público de Empleo, deberá presentarse una copia del contrato de trabajo o de las prórrogas y, si la hubiese, la copia básica del contrato entregada previamente a la representación legal del trabajador.

Los Servicios Públicos de Empleo deben incorporar a la base de datos del SEPE todos los datos estipulados como obligatorios por el Ministerio de Trabajo y Economía Social. Asimismo, todo trabajador tiene derecho a solicitar información del contenido de los contratos de los que sean parte a los Servicios Públicos de Empleo.

Mediante la aplicación Contrat@, se puede comunicar:

- Contratos de trabajo y sus modalidades.
- Copias básicas de los mismos.
- Prórrogas.
- Llamamientos a fijos discontinuos.
- Conversión de otros modelos al contrato indefinido.
- Horas complementarias.

Para poder realizar estas gestiones es necesaria la obtención de una autorización específica que encontramos en las webs de los Servicios Públicos de empleo de las comunidades o bien a través de la web del SEPE. El representante de la empresa debe identificarse mediante Certificado Digital, DNI electrónico o Usuario/Contraseña.

Cumplimentación y comunicación de un contrato mediante medios telemáticos

Para la selección del modelo de contrato y su cumplimentación vía internet, el SEPE pone este servicio (Contrat@) a disposición de las empresas en su web: <www.sepe.es>, siguiendo los enlaces: **SEPE → Empresas → Servicios para empresas → Contrat@.**

En la primera pantalla del apartado **Empresas** de la aplicación *Contrat@,* el representante de la empresa (o la empresa) puede acceder a los distintos servicios que ofrece. Entre ellos, la **Comunicación de la contratación,** que es el objeto de este apartado.

Recuerde

El servicio Contrat@ permite que las empresas que actúan en nombre propio y los profesionales que actúan en representación de terceros comuniquen la contratación de trabajadores a través de internet.

Se puede ver una segunda opción del menú, que es la **Solicitud de autorización,** que se utiliza en el caso de que se acceda por primera vez a la aplicación.

Contrat@

Inicio » Contrat@ » Solicitud de autorización »

🖥 Buzón de consultas
Aplicación Contrat@ · Comunicación de la contratación

Información general | Solicitud de autorización | Gestión de la autorización | Comunicación de la contratación
Comunicación de la copia básica | Seguimiento de las comunicaciones realizadas
Anulación y consulta de comunicaciones | Página inicial

Formulario de Solicitud de la Autorización

Datos del representante de la Empresa

Nombre :

Apellido 1 :

Apellido 2[1] :

NIF/NIE : Nif ▼   [?]

Datos de Identificación de la Empresa

CIF/NIF/NIE de la Empresa : Cif ▼

Cuenta de Cotización[2] :   [buscar] [?]

Razón social :

Dirección postal de la Empresa

Vía pública :

Municipio :   [buscar]

Código Postal :

Otros datos de la Empresa

Correo electrónico :

Número de Teléfono (*):

Número de Fax (*):

Lugar de presentación

Lugar de presentación :   [buscar]

Tipo de Empresa

Indique el tipo de Empresa que solicita la autorización

○ Empresa que va a actuar exclusivamente en nombre propio
○ Grupo de Empresas
○ Empresa que va a actuar en representación de terceros
○ Colegiado profesional de alta en el Régimen Especial de Trabajadores Autónomos
○ Colegiado profesional de alta en la Mutualidad de :

(*) Campo opcional
(1) Opcional para tipo de documento distinto de NIF
(2) En el caso de Colegiado Profesional que carezca de Cuenta de Cotización este dato no se cumplimentará

[aceptar] [volver]

En caso de acceder por primera vez a la aplicación, el colegiado profesional (o en su caso la empresa) tendrá que solicitar al Servicio Público de Empleo (SEPE) que le corresponda una autorización de uso de la aplicación Contrat@. Para ello, selecciona **Solicitud de autorización,** que da acceso al formulario expuesto sobre este texto. Simplemente, se cumplimenta y se clica el botón de **Aceptar;** entonces el SEPE autoriza a la empresa a utilizar la aplicación Contrat@, facilitando las claves de acceso. Asimismo, en la web de la AEAT se puede obtener la Cl@ve, que da acceso transversal a todas las Administraciones públicas, incluida el Ministerio de Trabajo y Economía Social, del que depende el SEPE.

Si la empresa o, en su caso, el colegiado profesional que la representa ha obtenido con anterioridad la autorización del SEPE y ha obtenido su Cl@ve, que suele ser el caso, debe posicionarse en la página **Comunicar la contratación. Contrat@,** y acceder mediante certificado digital (también puede accederse con DNI electrónico o con autorización), por lo que se tiene que seleccionar la primera de las opciones del menú arriba desplegado: **Acceso con certificado digital o DNI electrónico.** Otra opción es acceder con autorización. La tercera de las opciones es la solicitud de códigos, en el supuesto de que aún no se estuviera en posesión de ellos.

A continuación, se despliega otro menú de opciones bajo el título de **Co-municación de la contratación.** Para el caso que interesa, hay que centrarse en las dos primeras opciones: **A través de la comunicación de datos** y **A través del envío de ficheros.** La segunda opción, frecuentemente utilizada para la comunicación de varios contratos, incluso de contratos de varias empresas (se admiten hasta mil comunicaciones de una vez), permite la utilización de ficheros XML que, muy resumidamente, son un tipo de ficheros que pueden ser enviados e interpretados por distintos sistemas.

Se accede a **A través de la comunicación de datos,** donde se comunican los contratos uno a uno, y por la que se puede visualizar paso a paso la comunicación de datos de forma muy sencilla e intuitiva.

Una vez que se clica la opción **A través de la comunicación de datos,** se despliega un nuevo menú. En este caso, como interesa comunicar un contrato laboral, se selecciona la opción del menú **Contrato.** Si se requiriese algún tipo de ayuda para completar el proceso, hay a disposición del usuario un link a la derecha de la página en el que se lee **Ayuda PDF,** que abre en otra página un Manual de Usuario en el que consultar cualquier duda. Para ello, también está el **Buzón de Contrat@** al que enviar consultas, que se responderán en menos de 24 h.

Una vez seleccionada la opción **Contrato,** aparece una nueva pantalla, bajo el título **A través de la comunicación de datos,** y se despliegan las opciones de contratación posibles.

En la pantalla se despliega el menú de contratos de la modalidad seleccionada y el código correspondiente. Abajo, la pantalla pequeña, confirma el tipo de contrato que se ha seleccionado y solicita **Aceptar** dicha selección.

Una vez aceptada la selección que se ha realizado, se deben introducir los datos en el modelo de contrato.

A continuación, simplemente, hay que cumplimentar el modelo con los datos que se solicitan. Algunos datos se han incorporado automáticamente, otros se introducen manualmente. Una vez se **Acepta,** y se da por comunicado el contrato de trabajo.

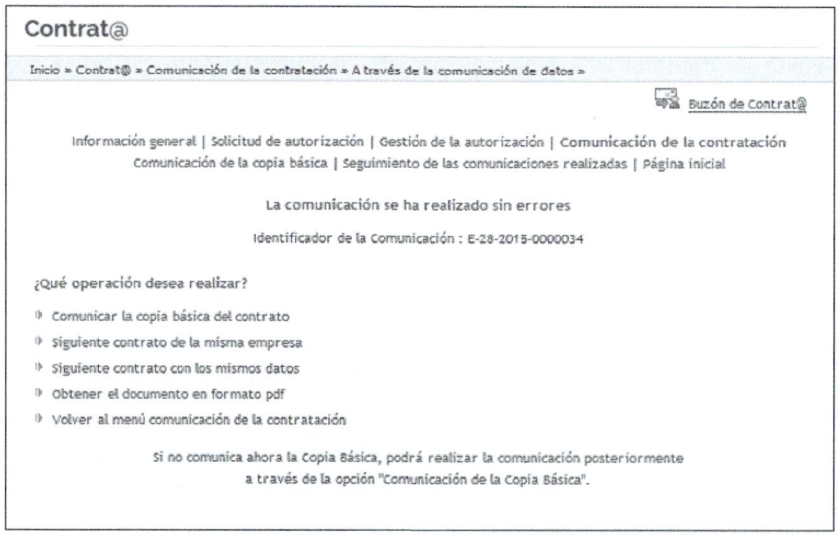

A continuación y, para finalizar el proceso, se pueden hacer varias gestiones: comunicar otro contrato de la misma empresa, obtener el documento en PDF o comunicar la copia básica del contrato.

Recuerda

Para utilizar el servicio Contrat@ es necesario que el empresario o el representante disponga de la autorización pertinente de los Servicios Públicos de Empleo.

Actividades

6. Realice un análisis detallado de las distintas modalidades de contratación y comente sus ventajas e inconvenientes principales.

Aplicación práctica

Marta tiene 22 años y acaba de finalizar su grado universitario. Quiere insertarse en el mercado laboral a la vez que se forma y practica lo aprendido en sus estudios.

Valore qué tipo de contrato o contratos serán los más adecuados a las expectativas de Marta.

SOLUCIÓN

Marta, que hace menos de cinco años que terminó sus estudios superiores y no posee experiencia en el mercado laboral, cuenta con la modalidad de Contrato de formación para la obtención de práctica profesional, que le permitirá obtener la práctica profesional adecuada al nivel de estudios objeto del contrato que necesita.

La empresa elaborará el plan formativo individual en el que se especifique el contenido de la práctica profesional, y asignará tutor o tutora que cuente con la formación o experiencia adecuadas para el seguimiento y cumplimiento del objeto del contrato. El salario que percibirá será el acorde a su puesto de trabajo.

Continúa en página siguiente >>

<< Viene de página anterior

Asimismo, como el contrato de trabajo se presume indefinido, podría acordar con la empresa un tiempo adecuado de formación laboral, sin las medidas que prevé el contrato de formación para la obtención de la práctica profesional, para luego seguir ejerciendo su profesión de la misma forma que sus compañeros de trabajo.

3.3. Subvenciones, exenciones y/o reducciones en la contratación laboral

Dependiendo del tipo de contrato, su duración y las características de la empresa y de la persona del contrato, es posible que dicho contrato pueda gozar de subvenciones, exenciones y/o reducciones en las cuotas (de la empresa, del trabajador o de ambos) a la Seguridad Social.

La contratación de un trabajador que pertenezca a un grupo social laboralmente desfavorecido (como, por ejemplo, trabajadores discapacitados, jóvenes, parados de larga duración, etc.) puede gozar de ventajas como bonificaciones y/o reducciones en la cotización de la empresa contratante a la Seguridad Social (o, incluso, en la cotización del trabajador), exenciones e, incluso, en determinadas ocasiones, la obtención de subvenciones para favorecer la contratación de dichos colectivos.

Los beneficios a la contratación publicados en el Real Decreto ley 1/2023, de 10 de enero, son aplicables a las empresas en general, autónomos, sociedades laborales o cooperativas y entidades sin ánimo de lucro, ya sean públicas o privadas. Todas estas entidades han de cumplir unos requisitos para dicha aplicación (art. 8):

- *No haber sido inhabilitado para obtener subvenciones y ayudas públicas y para gozar de beneficios e incentivos fiscales o de la Seguridad Social.*
- *Respecto de los beneficios en las cotizaciones de la Seguridad Social, no haber sido excluido del acceso a las ayudas, subvenciones, bonificaciones y beneficios derivados de la aplicación de los programas de empleo o formación profesional para el empleo, por la comisión de infracciones graves o muy graves no prescritas.*
- *Respecto de las subvenciones públicas, no haber sido excluido del acceso a los beneficios derivados de la aplicación de programas de empleo por la comisión de infracciones graves o muy graves no prescritas.*

▌ *Hallarse al corriente en el cumplimiento de sus obligaciones tributarias.*

▌ *Encontrarse al corriente en el cumplimiento de sus obligaciones con la Seguridad Social.*

▌ *Contar con el correspondiente plan de igualdad, en el caso de las empresas obligadas legal o convencionalmente a su implantación.*

En las siguientes tablas se muestran las distintas bonificaciones y reducciones aplicables a la contratación (indefinida, temporal y conversiones de contratos) de colectivos tales como:

- Víctimas de violencia de género.
- Víctimas de trata de seres humanos, de explotación sexual o laboral y mujeres en situaciones de prostitución.
- Víctimas del terrorismo.
- Víctimas de violencias sexuales.
- Trabajadores en situación de exclusión social
- Personas con discapacidad.
- Trabajadores desempleados de larga duración.

BONIFICACIONES CONTRATOS INDEFINIDOS (R. D. Ley 1/2023)			
Colectivos		**Cuantía anual**	**Duración**
Con víctimas de violencia de género, de violencia sexual y trata de seres humanos, de explotación sexual o laboral, mujeres en prostitución (art. 16)		1.536 €	4 años
Con víctimas de terrorismo (art. 22)			
Con desempleados de larga duración[1] (art. 21)	En general	1.320 €	3 años
	Mujeres o personas ≥ 45 años	1.536 €	
Con trabajadores en situación de exclusión social	En general (art. 20.1)	1.536 €	4 años
	Que hayan finalizado 1 año antes en una empresa de inserción y no hayan trabajado después durante 30 días para otra empresa[2] (art. 20.2)	1.764 € (1er año)	
		1.536 € (2º, 3º y 4º año)	

Continúa en página siguiente >>

<< Viene de página anterior

BONIFICACIONES CONTRATOS INDEFINIDOS (R. D. Ley 1/2023)

Colectivos		Cuantía anual	Duración
Con Jóvenes menores de 30 años, baja cualificación y beneficiarios del Sistema Nacional de Garantía Juvenil[3] (DA 1ª)		3.300 €	3 años
- Conversión en indefinido fijo-discontinuo de contratos temporales de trabajadores por cuenta ajena agrarios[4] (art. 29) - Conversión en indefinido de contratos de relevo (art. 24.2)	En general	660 €	3 años
	Mujeres	876 €	

(1) Personas que han estado inscritas en la oficina de empleo al menos 12 meses en los 18 meses anteriores al contrato.

(2) La empresa que contrata no puede ser empresa de inserción ni centro especial de empleo.

(3) Esta bonificación solo se puede aplicar en los contratos concertados desde el 1/09/23 hasta el 1/09/24.

(4) Los contratos temporales han de estar celebrados con personas trabajadoras incluidas en el Sistema Especial para Trabajadores por Cuenta Ajena Agrarios.

BONIFICACIONES CONTRATOS DE PERSONAS CON DISCAPACIDAD

Contratos Indefinidos y conversión[1] (art. 2.2.1, 2 y 3 Ley 43/2006)

Discapacidad	Menores de 45 años		45 años o más	Duración
	Hombres	Mujeres		
Ordinaria	4.500 €	5.350 €	5.700 €	Toda la vigencia del contrato
Discapacidad severa [2]	5.100 €	5.950 €	6.300 €	

Contratos temporales de fomento de empleo (art. 2.2.4 Ley 43/2006)

Discapacidad	Menores de 45 años		45 años o más	Duración
	Hombres	Mujeres		
Ordinaria	3.500 €	4.100 €	4.100 €	Toda la vigencia del contrato
Discapacidad severa[2]	4.100 €	4.700 €	4.700 €	

Continúa en página siguiente >>

<< Viene de página anterior

Contratos Indefinidos (art. 14 y 15 R. D. Ley 1/2023)

Colectivo	Cuantía anual	Duración
Trabajadores con capacidad intelectual límite[3]	1.536 €	4 años
- Trabajadores readmitidos tras haber cesado en la empresa por incapacidad permanente total o absoluta. - Mayores de 55 años con incapacidad permanente reincorporados a su empresa en otra categoría. - Mayores de 55 años que recuperan su capacidad y pueden ser contratados por otra empresa.	1.656 €	2 años

Contratos temporales (art. 17.1 d) R. D. Ley 1/2023)

Colectivo	Cuantía	Duración
Personas desempleadas con discapacidad para sustituir a personas trabajadoras con discapacidad en situación de incapacidad temporal.	366 €/mes	Periodo de tiempo del contrato de sustitución

(1) Conversión de contratos temporales de fomento de empleo o formativos.

(2) Parálisis cerebral, enfermedad mental, personas con discapacidad intelectual ≥ 33 % o discapacidad física o sensorial ≥ 65 %.

(3) Se consideran como tales las personas que tienen como mínimo un 20 % de discapacidad intelectual, sin llegar al 33 %.

BONIFICACIONES GENERALES (R. D. Ley 1/2023)

Tipos de contratos o situación	Cuantía	Duración
Contratos temporales con desempleados menores de 30 años, para sustituir a trabajadoras que perciben las prestaciones por riesgo durante el embarazo, riesgo durante la lactancia natural, nacimiento y cuidado de menor o a trabajadores en el ejercicio corresponsable del cuidado de menor o lactante (art. 17 a, b)[1]	366 €/mes	Periodo de tiempo del contrato de sustitución
Contratos temporales con desempleados para sustituir a trabajadores autónomos, socios trabajadores o socios de trabajo de las cooperativas (art. 17 c)[1]		

Continúa en página siguiente >>

<< Viene de página anterior

BONIFICACIONES GENERALES (R. D. Ley 1/2023)

Tipos de contratos o situación		Cuantía	Duración
Por cambio de puesto de trabajo o función diferente y compatible con el estado de las trabajadoras, en las situaciones de riesgo durante el embarazo o riesgo durante la lactancia natural (art. 18)		138 €/mes	Durante el periodo de permanencia en el nuevo puesto de trabajo o función
Por cambio de puesto de trabajo en la misma empresa o el desempeño, en otra distinta, de un puesto de trabajo compatible con el estado de la persona trabajadora, por razón de enfermedad profesional (art. 19)			
Por la incorporación de trabajadores desempleados como socios trabajadores o de trabajo a cooperativas y sociedades laborales (art. 28)[2]	Mayores de 30 años	876 €/año	3 años
	Menores de 30 años o de 35 años con una discapacidad ≥ 33 %	1.764 € (1er año)	
		876 € (2° y 3° año)	

(1) Una bonificación con las mismas características se practicará en la cotización de las personas trabajadoras sustituidas.

(2) Las empresas tienen que estar acogidas a un régimen de Seguridad Social propio de trabajadores por cuenta ajena.

BONIFICACIONES CONTRATOS FORMATIVOS (R. D. Ley 1/2023)

Tipos de contrato		Cuantía	Duración
Contrato de formación en alternancia (art. 23) (1)	Por su realización	91 €/mes	Toda su vigencia y sus prórrogas
	En las cuotas del trabajador a la Seguridad Social y por los conceptos de recaudación conjunta	28 €/mes	
- Conversión en indefinidos de contratos formativos al final de su duración o prórroga (art. 24.1) - Realización de contratos indefinidos con trabajadores con contrato formativo y puestos a disposición de empresas usuarias (art. 24.1)	En general	128 €/mes	3 años
	Mujeres	147 €/mes	

Continúa en página siguiente >>

<< Viene de página anterior

BONIFICACIONES CONTRATOS FORMATIVOS (R. D. Ley 1/2023)

Tipos de contrato	Cuantía	Duración
Realización de un contrato indefinido o incorporación como socio en la cooperativa o sociedad laboral, de las personas que estén desarrollando prácticas formativas en estas entidades (art. 25)[2]	138 €/mes	3 años o toda la vigencia del contrato cuando es persona con discapacidad

(1) Además, la actividad formativa relacionada con este tipo de contrato tiene disponible un conjunto de bonificaciones reguladas en el art. 26 del Real Decreto Ley 1/2023.

(2) La bonificación en el caso de incorporación como socio en la cooperativa, solo se puede aplicar si la entidad está en un régimen de Seguridad Social propio de personas trabajadoras por cuenta ajena.

REDUCCIONES (R. D. Ley 1/2023)

CONTRATOS	%	Duración
Contratos de empleados de hogar que queden incorporados al sistema especial de la Seguridad Social (DA 3ª)	- 20 % en las cuotas empresariales a la cotización por contingencias comunes del sistema especial. - y 80 % en las cuotas empresariales a la cotización por desempleo y FOGASA del sistema especial	Periodo de tiempo del contrato
Contratos de empleados de hogar (DA 3ª)	45 % o 30 % en la aportación empresarial a la cotización por contingencias comunes del sistema especial[1]	
Contratos temporales para sustituir a víctimas de violencia de género o sexual (DA 9ª)[2]	100 % en las cuotas empresariales a la Seguridad Social por contingencias comunes	Periodo de tiempo de la suspensión o contrato

(1) Para su aplicación se deben cumplir los requisitos de patrimonio y/o renta de la unidad familiar o de convivencia de la persona empleadora, recogidos reglamentariamente.

(2) En este supuesto la trabajadora víctima ha tenido que suspender su contrato de trabajo o ejercitar su derecho a la movilidad geográfica o al cambio de centro de trabajo.

La empresa que se beneficie de estas bonificaciones y reducciones, ha de mantener el empleo durante 3 años, a contar desde el inicio del contrato, transformación o incorporación. Quedan excluidos de estos incentivos, los contratos a tiempo parcial cuyas jornadas sean inferiores al 50 % de la jornada a tiempo completo.

Aplicación práctica

La empresa Mesas Martínez, S. L., cuenta con 300 trabajadores y ha contratado a dos más: Manuel, de 40 años de edad y con una discapacidad física del 38 %, con un contrato indefinido y María, con un contrato indefinido para víctimas de violencia de género.

¿Gozará la empresa contratante de algún beneficio? En caso afirmativo, indique cuáles.

SOLUCIÓN

Viendo el tipo de contrato, en ambos casos se tiene derecho a una bonificación de las cotizaciones a la Seguridad Social.

Por el contrato de Manuel, la empresa tendrá derecho a una bonificación en las cotizaciones a la Seguridad Social por tener una discapacidad física inferior al 65 % y ser menor de 45 años. El importe asciende a 4.500 € al año durante toda la vigencia del contrato.

Por su parte, por el contrato de María, tendrá derecho a una bonificación en las cuotas de la Seguridad Social de 1.536 € anuales durante un periodo máximo de cuatro años.

---

4. Obligaciones con la Seguridad Social derivadas del contrato de trabajo

Tal y como se ha ido comentando a lo largo del capítulo, los contratos de trabajo (dependiendo del tipo que sean) pueden celebrarse por escrito o mediante contrato verbal. Al ser un contrato de carácter laboral es imprescindible la afiliación del trabajador en la Seguridad Social, mediante el portal creado por la Seguridad Social que, según la Secretaría de Estado de la Seguridad Social y Pensiones, "es un modelo de atención en el que el ciudadano está en el centro de los servicios digitales que ofrece la Tesorería General de la Seguridad Social que se han rediseñado, organizado y presentado pensando en que sean sencillos de utilizar, claros e intuitivos".

Puede accederse a través de la web de la Sede Electrónica que cuenta con un apartado denominado Importass o de una app creada para dispositivos móviles.

Además de la afiliación, se pueden realizar otros trámites voluntarios u obligatorios, como altas y bajas de trabajadores, modificación de datos, solicitud de vida laboral e informes, consulta de pagos y deudas, consulta de datos personales, etc.

A lo largo de los próximos subapartados se comentarán quiénes son los sujetos obligados en un contrato de trabajo y cuáles son sus principales obligaciones con la Seguridad Social.

4.1. Sujetos obligados

El contrato de trabajo es un contrato bilateral en el que dos partes muestran su conformidad a cumplir con las obligaciones especificadas a cambio de una serie de derechos. Estas partes que forman parte del contrato son los sujetos obligados de la relación laboral.

Los sujetos obligados de la relación laboral son principalmente dos: trabajador y empresario.

El trabajador

El trabajador es una persona física que desempeña sus funciones de forma voluntaria, bajo la organización y dirección del empresario. De este modo, cede los frutos de trabajo a cambio de una retribución.

Podrán celebrar un contrato de trabajo válido las siguientes personas:

- Personas mayores de 18 años.
- Personas de entre 16 y 18 años legalmente emancipadas.
- Personas mayores de 16 años y menores de 18, con la autorización de los padres o tutores o si viven independientes. Este colectivo no tiene permitida la realización de trabajos nocturnos, peligrosos e insalubres ni tampoco la realización de horas extraordinarias.
- Los extranjeros, bajo lo dispuesto en la normativa específica y vigente sobre la materia.

El empresario

Según el artículo 1.2 del Texto Refundido del Estatuto de los Trabajadores, podrán ser empresarios los siguientes:

Todas las personas, físicas o jurídicas, o comunidades de bienes que reciban la prestación de servicios de las personas referidas en el apartado anterior*, así como de las personas contratadas para ser cedidas a empresas usuarias por empresas de trabajo temporal legalmente constituidas.

*Personas trabajadoras que voluntariamente presten sus servicios retribuidos por cuenta ajena en el ámbito de organización y dirección de otra persona, física o jurídica, denominada empleador o empresario.

4.2. Afiliaciones, altas, bajas y variaciones en los datos de los trabajadores

La afiliación a la Seguridad Social es un acto administrativo a través del cual la Tesorería General de la Seguridad Social reconoce como incluida en su sistema a una persona física que realiza por primera vez una actividad laboral (determinante de su inclusión).

La afiliación al sistema de la Seguridad Social tiene las siguientes características:

- Es de carácter obligatorio para las personas incluidas en el sistema.
- Es única y general para todos los regímenes.
- Se extiende a toda la vida de la persona incluida en el sistema.
- Es de carácter exclusivo.

Como ya se ha comentado anteriormente, toda persona que vaya a iniciar una actividad laboral determinante de su inclusión en el sistema de la Seguridad Social debe solicitar su número de afiliación o NUSS.

Las características del número de afiliación al sistema de la Seguridad Social son las siguientes:

- Es obligatorio con carácter previo a la solicitud de afiliación y alta en algún régimen de la Seguridad Social.
- Es de carácter obligatorio en el caso de beneficiarios de pensiones u otras prestaciones del sistema.
- Debe hacerse constar en resolución de la Tesorería General de la Seguridad Social en la que figurarán el nombre, apellidos y DNI del ciudadano.
- En el caso de los afiliados, este número coincide con su número de afiliación.

Altas, bajas y variaciones de datos de los trabajadores

Además de afiliar al trabajador en el sistema de la Seguridad Social, los empresarios tienen la obligación de comunicar el alta, baja o la variación de datos de todos sus trabajadores.

El alta de un trabajador es un acto administrativo por el que se constituye la relación jurídica con la Seguridad Social. Sin embargo, la baja es también un acto administrativo, pero, al contrario que en el alta, se extingue dicha relación jurídica con la Seguridad Social.

Las modificaciones de los datos de los trabajadores también son considerados actos administrativos. A través de ellos, la empresa comunica cualquier variación de los datos de los trabajadores afiliados al sistema de la Seguridad Social; datos que pueden ser identificativos, domiciliarios o laborales.

La afiliación al sistema de la Seguridad Social es de carácter único. Sin embargo, las altas, bajas y variaciones de datos pueden ser múltiples, sucesivas e incluso darse de forma simultánea, en el caso de pluriactividad o pluriempleo.

 **Definición**

Pluriactividad
Se da en aquellos casos en los que el trabajador realiza varias actividades que conllevan el alta obligatoria en dos o más regímenes distintos de la Seguridad Social.

Sin embargo, los casos de pluriempleo son aquellos en los que un traba-jador por cuenta ajena presta sus servicios a dos o más empresas diferentes, siempre dentro del mismo régimen de la Seguridad Social.

4.3. Tramitación, documentación y plazos

Como ya se ha comentado anteriormente, en aquellos casos en los que el trabajador va a ser contratado por primera vez, es obligatorio que la empresa solicite su afiliación a la Seguridad Social.

Para ello, debe cumplimentarse el modelo TA.1 (solicitud de afiliación a la Seguridad Social, asignación de número de Seguridad Social y variación de datos) y presentarlo en la Dirección Provincial de la Seguridad Social o en la Administración de la misma provincia en la que esté domiciliada la empresa que ha contratado al trabajador.

 **Recuerde**

La solicitud de afiliación a la Seguridad Social debe realizarse con carácter previo al inicio de la prestación de servicios del trabajador en la empresa.

Altas, bajas y variaciones de datos

Cuando la empresa contrata a un trabajador debe comunicar a la Seguridad Social que el empleado ha comenzado a prestar activamente sus servicios para ella. Todo ello se realiza comunicando el alta del trabajador.

No se debe olvidar que, tal como se ha comentado en apartados anteriores, el empresario está obligado a remitir una copia del contrato al Servicio Público de Empleo en un plazo máximo de diez días desde el inicio de la contratación.

Además, deberá facilitar una copia del mismo al trabajador y una copia básica de este a su representante legal.

Para comunicar el alta, debe cumplimentarse el modelo TA.2/S (solicitud de alta, baja y variación de datos del trabajador por cuenta ajena o asimilada), de forma previa al inicio de la relación laboral, hasta sesenta días antes.

En la solicitud deberán constar los siguientes datos:

- Nombre o razón social del empresario que contrata al trabajador.
- Código de Cuenta de Cotización del empresario.
- Régimen de Seguridad Social.
- Nombre y apellidos del trabajador que se va a dar de alta.
- Número de Seguridad Social del trabajador.
- DNI del trabajador.
- Domicilio.
- Fecha de inicio de la actividad del trabajador.
- Grupo de cotización.
- Tipo de contrato y, si procede, coeficiente de jornada.
- Ocupación (en determinados supuestos).

Cuando el trabajador ha dejado de prestar sus servicios a la empresa, esta deberá comunicar la fecha de su baja, presentando el modelo TA.2/S o TA.2/S-Simplificado en un plazo máximo de tres días naturales desde la fecha de baja.

En la solicitud de baja, deberán constar los siguientes datos:

- Nombre o razón social del empresario que contrata al trabajador.
- Código de Cuenta de Cotización del empresario.
- Régimen de Seguridad Social.
- Nombre y apellidos del trabajador que se va a dar de alta.
- Número de Seguridad Social del trabajador.
- DNI del trabajador.
- Domicilio.
- Fecha de cese de la actividad del trabajador.
- Causa de la baja.

Por último, en el caso de variaciones de datos, deberá cumplimentarse el modelo TA.2/S incluyendo, además de los datos identificativos del empleado y de la empresa, los datos que han sido modificados. Deberán comunicarse, fundamentalmente, las variaciones de datos relacionados con las condiciones laborales del trabajador que, principalmente, son las siguientes:

- Tipo de contrato y coeficiente de jornada laboral.
- Variación del grupo de cotización.
- Fecha de variación.
- Ocupación.

Al igual que en la solicitud de baja, la empresa dispone de un plazo máximo de tres días naturales desde la variación de los datos para comunicarla con el impreso debidamente cumplimentado.

A modo de resumen, en la siguiente tabla se enumeran los puntos clave sobre la tramitación, documentación y plazos para solicitar la afiliación, alta, baja o variación de datos de un trabajador.

Comunicación	Impreso de solicitud	Plazo de presentación
Afiliación	TA.1	Con carácter previo al inicio de la prestación de servicios del trabajador por cuenta ajena.
Alta	TA.2/S	Con carácter previo al inicio de la relación laboral, hasta 60 días antes.
Baja	TA.2/S TA.2/S-simplificado	3 días naturales desde el cese de la actividad laboral.
Variación de datos	TA.2/S	3 días naturales.

Tanto las altas como las variaciones y bajas de trabajadores pueden tramitarse de dos formas:

- En la Dirección Provincial de la Tesorería General de la Seguridad Social o Administraciones de la provincia donde esté domiciliada la empresa.
- De forma telemática a través del Sistema RED o de la Sede Electrónica.

Eso sí, los sujetos obligados a la presentación a través del Sistema RED deberán solicitar la autorización pertinente en la Dirección Provincial de la Tesorería General de la Seguridad Social.

Comunicación de la contratación del trabajador. Documentación

Para dar de alta a un trabajador, este también debe presentar una serie de documentos, que puede variar atendiendo al tipo de contrato formalizado. Generalmente, se solicita una fotocopia del DNI del trabajador y, para modalidades de contratación que tengan bonificaciones, la tarjeta de demanda de empleo que acredite la inscripción previa del trabajador. En la contratación bonificada de trabajadores con discapacidad se requiere la acreditación de la misma por un órgano oficial.

Con carácter general, la documentación que el trabajador debe facilitar al empresario para la celebración del contrato es:

- NIF o NIE (si es extranjero).
- Tarjeta de demanda de empleo.
- Tarjeta de afiliación a la Seguridad Social.
- Certificado de antecedentes penales (si el trabajo lo requiere).
- Titulación académica, cuando sea necesario justificar una cualificación concreta.

Afiliación, baja y variación de datos de un trabajador mediante medios informáticos

Para afiliar a un trabajador, variar sus datos o darlo de baja a través de medios informáticos, se puede utilizar el servicio web de Sistema RED, disponible en la web de la Seguridad Social (<www.seg-social.es>).

Para acceder al servicio se debe pulsar sobre **Acceso Sistema RED *Online*,** que se encuentra dentro de la sección **A un clic,** en la parte inferior de la pantalla.

Una vez seleccionada la opción, se mostrará una ventana de autenticación, en la que se deberá introducir el certificado admitido y la contraseña (certificado prácticamente imprescindible para poder hacer estos trámites de forma telemática con la Tesorería General de la Seguridad Social). Si el usuario ha sido válido y se quiere inscribir y afiliar a un trabajador, se debe seleccionar la opción **Servicios RED** y acceder a la modalidad de **Inscripción y Afiliación** *Online.*

Si se selecciona **Red Directo Afiliación** *Online* **Real,** se abrirá una nueva pantalla con los siguientes submenús:

- **Trámites trabajadores:** a través del cual se tramitan las altas, bajas y modificaciones de datos de los trabajadores.
- **Trámites CCC:** a través del cual se tramita cualquier aspecto de la CCC como la solicitud de inscripción y asignación de un CCC o la variación del domicilio de la CCC, entre otros.
- **Consultas:** permite la visualización de datos de trabajadores o empresas en tiempo real.
- **Informes:** permite la impresión de informes con validez jurídica a través de huella electrónica.
- **Régimen Especial de Trabajadores Autónomos:** a través del cual se puede solicitar el alta, baja o cambio de domicilio de trabajadores por cuenta propia o autónomos.

 Recuerde

Para dar de alta, dar de baja o comunicar la variación de datos de un trabajador hay dos alternativas: enviar la solicitud a la Dirección Provincial de la Tesorería de la Seguridad Social o realizar los trámites telemáticamente a través del Sistema RED o la Sede Electrónica.

Para ello, es necesario cumplimentar el modelo TA.2/S (para altas, bajas y variaciones) o el modelo TA.2/S simplificado (solo en caso de bajas) en un plazo máximo de 3 días naturales.

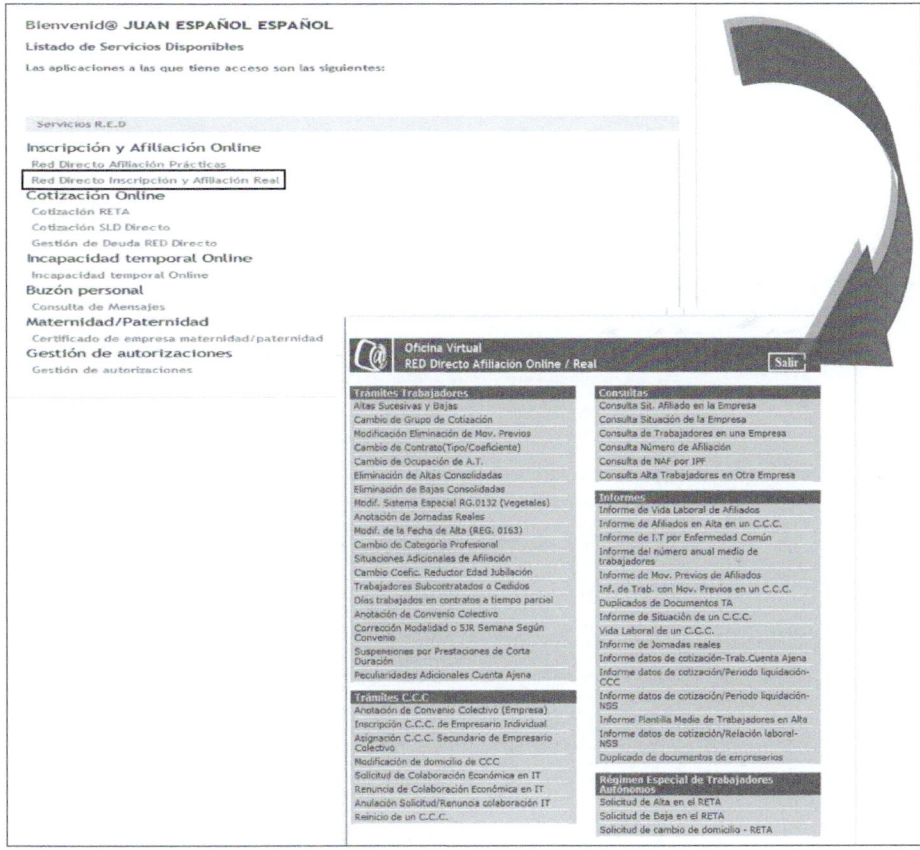

Sistema Red. Inscripción y afiliación online

Si se quiere tramitar un alta, se deberá acceder a la opción **Altas sucesivas y bajas** a través del menú **Trámites trabajadores.** Pulsando sobre esa opción, se abre una nueva ventana en la que se seleccionará **Alta** y se completará el resto de información del trabajador solicitada:

- Número de afiliación (NAF).
- Identificador de personas físicas (IPF).
- Régimen.
- Cuenta de cotización.
- Fecha de nacimiento.
- Sexo.
- Teléfono (mensajes SMS).

Solo los cuatro primeros datos son obligatorios. Una vez completados los mismos, se debe pulsar **Continuar** para que aparezca una segunda pantalla en la que se deberá facilitar información sobre la acción de alta que se quiere realizar y, una vez completados los campos, pulsar nuevamente sobre **Continuar** para finalizar el proceso:

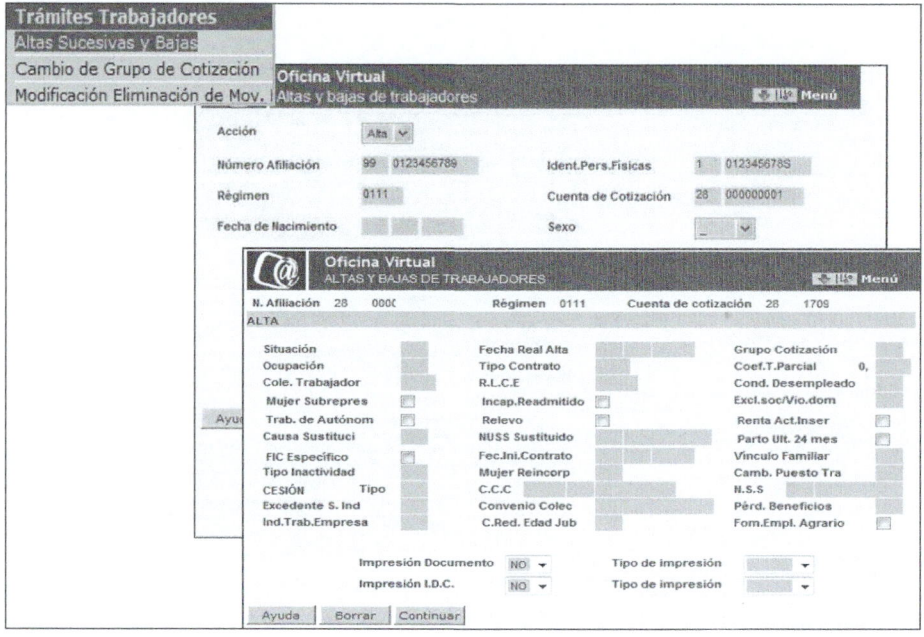

Sistema RED. Inscripción y afiliación online

Si los datos introducidos no son correctos, aparecerá un mensaje de error y no podrá continuarse con el alta hasta que se corrijan dichos errores. Si, por el contrario, los datos son correctos, el alta se produce en tiempo real, pudiendo incluso imprimir el informe de resolución del alta en formato pdf.

En el caso de querer tramitar una baja del trabajador, hay que dirigirse al mismo menú y seleccionar la opción **Baja,** además de cumplimentar los datos solicitados que aparecen en la pantalla de la opción **Altas sucesivas y bajas** del menú **Trámites trabajadores.**

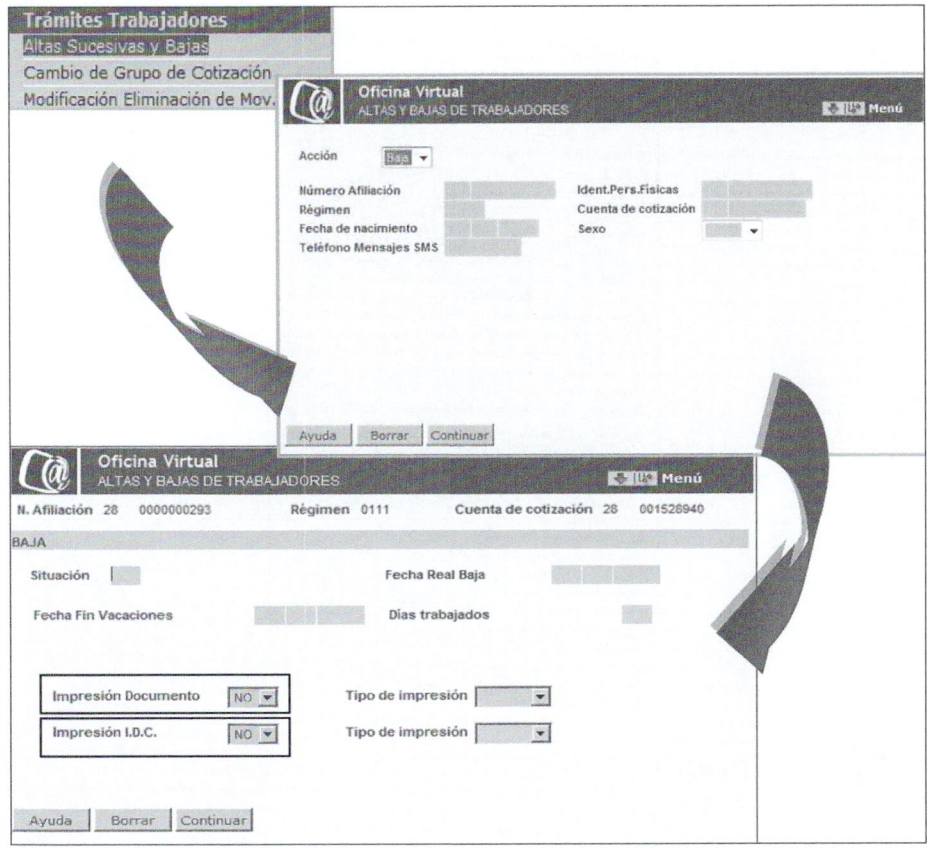

Sistema RED. Baja del trabajador online

Pulsando sobre **Continuar** se tramitará automáticamente la baja del trabajador si no se han detectado errores. En caso de detectarse errores, deberán subsanarse para que la baja se haga efectiva.

Por último, si se quiere introducir alguna variación de datos del trabajador, se deberá ir al submenú **Trámites trabajadores o Trámites C.C.C.** donde aparecerán todas las operaciones que se pueden realizar. Pulsando sobre cada opción, aparecerá su pantalla de modificación de datos correspondiente:

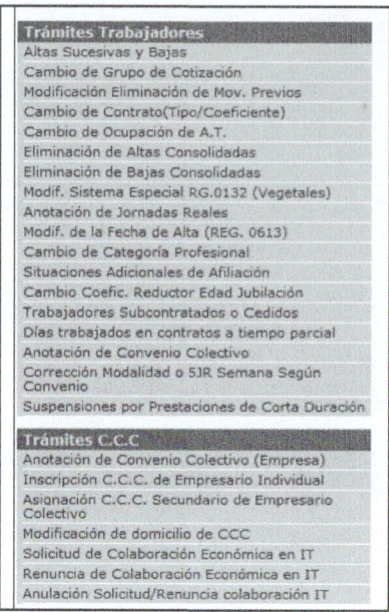

Sistema RED. Actualización de datos online

Actividades

7. Busque cuáles podrían ser las principales consecuencias para la empresa en caso de incumplimiento de plazo para comunicar el alta de un trabajador a la Seguridad Social.

5. Resumen

La Constitución española de 1978 establece que los poderes públicos deben desarrollar la política laboral del país y velar por su adecuado cumplimiento. Para asegurar dicho cumplimiento, se crearon una serie de organismos laborales encuadrados dentro del ministerio competente en ámbitos de empleo y Seguridad Social, que se clasifican en tres grandes grupos: en materia de contratación laboral, en materia de Seguridad Social y en materia de Seguridad y Salud Laboral.

La política laboral garantiza la protección del trabajador, durante la relación laboral y posteriormente, a través de una serie de obligaciones para los empresarios. De hecho, todo empresario que vaya a suscribir un contrato con un empleado deberá realizar una serie de trámites.

Si se trata de la primera vez que se contrata al trabajador, la empresa deberá solicitar su afiliación a la Seguridad Social para obtener su número de la Seguridad Social, número de carácter vitalicio que se utiliza para identificarlo dentro del sistema de la Seguridad Social.

Una vez solicitada la afiliación del trabajador, la empresa deberá comunicar a la Seguridad Social que el empleado está prestando sus servicios activamente a la empresa cumplimentando una solicitud de alta e indicando la fecha de inicio de la relación laboral.

Además, la empresa debe comunicar la contratación del trabajador y entregar una copia del contrato laboral al Servicio Público de Empleo en un plazo máximo de diez días desde el inicio de la relación de trabajo.

Del mismo modo, si se produce alguna variación de datos en las condiciones laborales o en los datos identificativos del trabajador o del empleado, la empresa está obligada a comunicar dicha variación a la Seguridad Social, cumplimentando el modelo TA.2/S en el plazo de tres días naturales.

En el momento en el que el trabajador deja de prestar servicios para la empresa, esta también deberá comunicar la baja, presentando el mismo impreso e indicando los motivos del cese y la fecha de finalización de la relación laboral.

Ejercicios de repaso y autoevaluación

1. Complete el siguiente esquema mencionando los tres grandes grupos de organismos laborales:

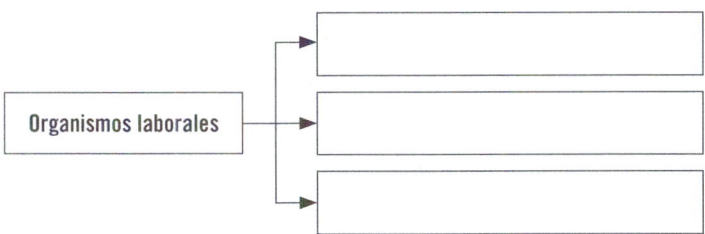

Organismos laborales

2. El Servicio Público de Empleo Estatal es un organismo laboral en materia...

    a. ... de contratación laboral.
    b. ... de Seguridad Social.
    c. ... de Seguridad Laboral.
    d. ... de Seguridad y Salud Laboral.

3. Complete la siguiente oración:

El Servicio Público de Empleo Estatal o _____ es un organismo autónomo que está adscrito al Ministerio de Trabajo y _____, y forma, junto con los distintos servicios públicos de empleo de las Comunidades Autónomas, el _____.

4. Comente la triple relación que se establece entre la ETT, la empresa y el trabajador.

_____
_____
_____
_____

5. La entidad gestora de la Seguridad Social que se encarga de gestionar y administrar las prestaciones económicas se denomina:

   a. Instituto de Mayores y Servicios Sociales.
   b. Instituto Nacional de la Seguridad Social.
   c. Instituto Nacional de Gestión Sanitaria.
   d. Instituto Nacional de Seguridad Sanitaria.

6. Comente las funciones más importantes de la Tesorería General de la Seguridad Social.

   _____
   _____
   _____
   _____
   _____
   _____
   _____
   _____

7. Complete la siguiente oración:

   El_____ del trabajador se solicita para comunicar a la Seguridad Social que el empleado está desempeñando su trabajo en la empresa, de forma _____. Así, se comunica que el trabajador está prestando sus servicios en la empresa desde una fecha determinada y que, en consecuencia, a partir de ese momento nacen una serie de _____ para el empresario y el trabajador con la _____.

8. ¿Cuál es el plazo que tiene un empresario para remitir una copia del contrato una vez firmado al SEPE para su registro?

   a. 5 días naturales.
   b. 35 días naturales.
   c. 10 días naturales.
   d. 20 días naturales.

9. **Relacione las siguientes definiciones con las distintas modalidades de contratos:**

    a. Aquellos contratos en los que se establece la fecha de inicio de la relación laboral, pero no se determina fecha de finalización de la misma.

    b. Contratos que tienen por finalidad formar profesionalmente al trabajador en un ámbito determinado.

    c. Contratos que establecen una relación laboral con un plazo determinado, bien por una fecha determinada, bien por la finalización del cometido del contrato.

    __ Contratos temporales.
    __ Contratos formativos.
    __ Contratos indefinidos.

10. **Complete la siguiente tabla, indicando el impreso de solicitud a presentar y el plazo de presentación de los modelos a la Seguridad Social.**

Comunicación	Impreso de solicitud	Plazo de presentación
Afiliación		
Alta		
Baja		
Variación de datos		

Capítulo 3

Modificación, suspensión y extinción de las condiciones de trabajo

Contenido

1. Introducción
2. Modificación de las condiciones de trabajo
3. Suspensión del contrato de trabajo
4. Extinción del contrato de trabajo
5. Indemnizaciones en función del tipo de extinción del contrato practicado
6. Actuaciones ante la jurisdicción social en los distintos supuestos de sanción, modificación y extinción del contrato
7. Resumen

1. Introducción

En la actualidad, el contrato de trabajo es la forma reglamentaria utilizada para establecer cualquier tipo de relación laboral por cuenta ajena en España. El Estatuto de los Trabajadores, recientemente modificado, es la norma más relevante a nivel nacional que regula los distintos tipos de contratos y sus características fundamentales.

Además, también incluye todo aquello referente a las modificaciones sustanciales de las condiciones de trabajo, entre las cuales se contemplan la duración de la jornada laboral, el sistema de remuneración del trabajador o las funciones a desempeñar, entre otras.

Pero el Estatuto de los Trabajadores no solo incluye las distintas casuísticas que pueden originar una modificación sustancial de las condiciones laborales, sino que también se contemplan todos los supuestos bajo los cuales se puede suspender o extinguir el contrato de trabajo; por temas de salud, de conciliación familiar, conciliación laboral o, incluso, por estar privado de libertad.

No se debe olvidar que un contrato laboral no se suspende o se extingue exclusivamente por causas relacionadas con el propio trabajador, sino que también hay que tener en cuenta que el Estatuto de los Trabajadores da potestad a la empresa contratante para finalizar o suspender un contrato de trabajo por determinadas circunstancias que se tratarán a lo largo de este capítulo.

2. Modificación de las condiciones de trabajo

Una vez iniciada la relación laboral entre empresario y trabajador, el Estatuto de los Trabajadores contempla supuestos distintos que pueden modificar lo estipulado en el contrato de trabajo:

- Modificación de las condiciones de trabajo.
- Suspensión del contrato laboral.
- Extinción de la relación laboral.

Aunque este apartado se centrará en la modificación de las condiciones de trabajo del empleado, se tratarán los demás supuestos (suspensión y extinción) a lo largo del capítulo.

En la actualidad, el contrato de trabajo supone el consentimiento de las cláusulas por parte del trabajador y del empleador, lo que implica que debe ser cumplido en todos los términos en los que fue pactado.

No obstante, pueden darse determinadas circunstancias por las que dicho contrato pueda ser modificado. Para que pueda modificarse alguna cláusula del contrato de trabajo, debe darse alguna de las siguientes circunstancias:

- Debe haber acuerdo de las partes.
- El contrato se modifica a causa de una modificación de la norma legal o convencional aplicable.
- Solo hay voluntad por una parte, siempre que este hecho sea admitido por ley.

Además, las condiciones laborales que se conceden al trabajador al inicio de la relación laboral con la empresa también pueden ser modificadas por cambios normativos, acuerdos individuales o bien por toma de decisiones de negocio amparadas en su facultad de organización del trabajo de la empresa.

En resumen, durante el periodo de vigencia de una relación laboral entre trabajador y empresa, pueden darse determinadas circunstancias que ocasionen modificaciones en las condiciones de contrato relativas a tres aspectos fundamentales:

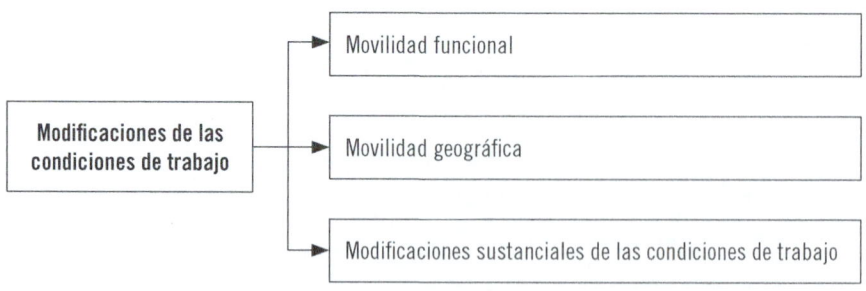

A lo largo de los siguientes apartados se irán comentando y detallando las principales características y casuísticas que generan las modificaciones de las condiciones de trabajo de una relación laboral.

2.1. Movilidad funcional

En relación a la movilidad funcional, el artículo 39 del Real Decreto Legislativo 2/2015, de 23 de octubre, por el que se aprueba el Texto Refundido de la Ley del Estatuto de los Trabajadores, menciona expresamente lo siguiente:

1. *La movilidad funcional en la empresa se efectuará de acuerdo a las titulaciones académicas o profesionales precisas para ejercer la prestación laboral y con respeto a la dignidad del trabajador.*

2. *La movilidad funcional para la realización de funciones, tanto superiores como inferiores, no correspondientes al grupo profesional solo será posible si existen, además, razones técnicas u organizativas que la justifiquen y por el tiempo imprescindible para su atención.*

En todo caso, el empresario está obligado a comunicar la decisión y las razones que la fundamentan a los representantes de los trabajadores.

Si las funciones encomendadas fuesen superiores a las del grupo profesional durante un periodo superior a seis meses durante un año u ocho meses durante dos años, el empleado tendrá derecho a reclamar el ascenso a dicho grupo profesional.

Si la empresa se negase a dicho ascenso, el trabajador podrá presentar una reclamación ante la jurisdicción social siempre que disponga de un informe previo del comité o del delegado de personal, según corresponda.

Nota

Se pueden establecer periodos distintos a los comentados (seis meses en un año u ocho meses en dos años) a través de la negociación colectiva.

Además, el trabajador también tendrá derecho a percibir una retribución acorde a las funciones que realice de forma efectiva, excepto aquellas situaciones en las que se le encomienden funciones inferiores, en cuyo caso se mantendrá la retribución inicial.

En los casos de movilidad funcional, no será posible contemplar como causa de despido objetivo la ineptitud sobrevenida o la falta de adaptación en la realización de las nuevas funciones, distintas de las habituales, a consecuencia de la movilidad funcional.

Siempre que se produzca un cambio de funciones que no esté incluido en los comentados en este subapartado, será necesario el acuerdo entre las partes o, en su defecto, el sometimiento a las reglas previstas para las modificaciones sustanciales de condiciones laborales o a las que se hubiesen establecido en el convenio colectivo.

Ejemplo

Paloma presta sus servicios en una peluquería como oficial de 1.ª en el grupo profesional 3. Se dedica a hacer permanentes, decoloraciones, tintes y cortes.

La empresa le comunica que, a partir del mes siguiente, Paloma deberá dedicarse solo y exclusivamente al afeitado de barba y bigote de los clientes.

Continúa en página siguiente >>

<< Viene de página anterior

Si se acude al convenio colectivo, este recoge estas últimas funciones dentro del mismo grupo profesional y de la misma categoría (oficial de 1.ª), por lo que la empresa no tendrá necesidad de justificar la causa que ha determinado el cambio de funciones.

Si, en cambio, la empresa hubiese comunicado a Paloma que debe dedicarse exclusivamente al corte de pelo, el convenio colectivo recoge esta función dentro del mismo grupo profesional, pero como categoría de oficial de 2.ª. En este caso, tampoco se produce una modificación del grupo profesional, por lo que la empresa tampoco estará obligada a justificar la causa de la movilidad funcional.

Sin embargo, si Paloma tuviese que encargarse de la recepción de los clientes y de las tareas de limpieza de la peluquería, ya se produce un cambio de categoría profesional (estas funciones forman parte de la categoría profesional II), por lo que la empresa deberá justificar debidamente el cambio de funciones y tendrá que pagar a Paloma una retribución acorde con las nuevas funciones.

2.2. Movilidad geográfica

La movilidad geográfica es aquella que se origina por el traslado o desplazamiento del trabajador a otro centro de trabajo, ubicado en otra localidad, que le implique a este un cambio de residencia.

Respecto a la movilidad geográfica, el artículo 40.1 del Real Decreto Legislativo 2/2015 indica lo siguiente:

El traslado de trabajadores que no hayan sido contratados específicamente para prestar sus servicios en empresas con centros de trabajo móviles o itinerantes a un centro de trabajo distinto de la misma empresa que exija cambios de residencia requerirá la existencia de razones económicas, técnicas, organizativas o de producción que lo justifiquen. Se considerarán tales las que estén relacionadas con la competitividad, productividad u organización técnica o del trabajo en la empresa, así como las contrataciones referidas a la actividad empresarial.

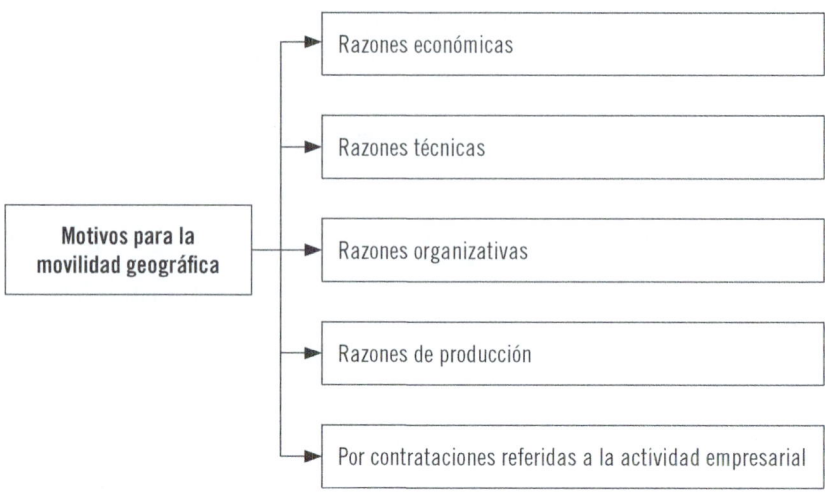

En otras palabras, cuando se produzca una movilidad geográfica (que implique cambio de residencia del trabajador) será necesario que la empresa justifique el desplazamiento por razones técnicas, económicas, organizativas o de producción.

Además, se considerará también movilidad geográfica o traslado cuando el desplazamiento exceda de doce meses en un periodo de tres años.

Para comentar la actuación del empresario y del trabajador, se debe distinguir entre tres tipos de traslados:

- Traslado individual.
- Traslado colectivo de trabajadores.
- Traslado voluntario.

Traslado individual

El traslado individual se produce cuando solo se lleva a cabo el desplazamiento con cambio de residencia a un trabajador. Para ello, el empresario debe notificar dicho traslado, como mínimo, treinta días antes de la fecha efectiva del traslado; lo notificará al trabajador y a sus representantes legales.

La notificación al trabajador y a sus representantes legales deberá hacerse por escrito y se harán constar los siguientes datos:

- Nuevo destino del trabajador.
- Fecha en la que se hará efectivo el traslado individual.
- Motivaciones y causas de dicho traslado.

Cuando hayan pasado los 30 días de plazo, la decisión se hará efectiva. No obstante, ante la notificación de un traslado, el trabajador puede optar por tomar una de las siguientes alternativas:

- Trasladarse, percibiendo la compensación por los gastos producidos por el traslado del trabajador y de sus familiares que, en ningún caso, podrá ser inferior a lo estipulado en los convenios.
- Extinguir la relación laboral, debiendo percibir una indemnización de veinte días por año de trabajo, con un máximo de doce mensualidades. Los periodos inferiores al año se prorratearán por meses.
- Impugnar el traslado ante el Juzgado de lo Social, si el trabajador está disconforme.

 Aplicación práctica

Marta trabaja en la empresa Muebles, S. A., en la sede de Murcia y se le ha notificado que, en un plazo de tres meses, deberá trasladarse a trabajar a Málaga. Además, la empresa lo ha notificado a los representantes legales de Marta.

¿Qué tipo de modificación de las condiciones de trabajo se está produciendo? ¿Se ha realizado correctamente? ¿Qué ocurriría si Marta decidiese extinguir la relación laboral a causa de dicho traslado?

SOLUCIÓN

Se trata de un caso de movilidad individual, ya que solo se ha propuesto el cambio de centro de trabajo a uno de los trabajadores de la empresa.

Continúa en página siguiente >>

<< Viene de página anterior

Se ha llevado a cabo de forma correcta, ya que la empresa lo ha comunicado por escrito con una antelación superior a los treinta días y también lo ha comunicado al representante legal de Marta.

Marta puede decidir sin ningún problema extinguir la relación laboral a causa de dicho traslado. En este caso, tendrá derecho a percibir una indemnización de veinte días por año de trabajo, con un máximo de doce mensualidades, prorrateando por meses los periodos inferiores.

Traslado colectivo de trabajadores

Se entiende por traslado colectivo de trabajadores cuando la movilidad geográfica afecte a todos los trabajadores de un centro de trabajo, siempre que este tenga más de cinco.

También se considera traslado colectivo cuando, sin afectar a todos los trabajadores de un centro de trabajo, dicho traslado afecte, en un plazo de noventa días, como mínimo, a los siguientes trabajadores:

- En empresas de menos de 100 trabajadores: 10 trabajadores.
- En empresas de entre 100 y 300 trabajadores: el 10 % del total.
- En empresas de más de 300 trabajadores: 30 trabajadores.

Cuando el empresario quiera promover un traslado colectivo, deberá abrir un periodo previo de consultas con los representantes de los trabajadores. Este periodo no podrá exceder de quince días. La apertura de los periodos de consultas y de las posiciones deberá ser notificada adecuadamente.

Por último, una vez finalizado el periodo de consulta, deberá notificarse a los trabajadores la decisión de su traslado, con una antelación mínima de treinta días a la fecha efectiva del traslado.

Ante la notificación de traslado colectivo, los trabajadores podrán llevar a cabo, de forma individual, las mismas acciones que en el caso de traslado individual:

- Trasladarse, con la compensación correspondiente.
- Extinguir la relación laboral.
- Impugnar el traslado ante el Juzgado de lo Social.

Además, los trabajadores también podrán reclamar en conflicto colectivo. Ante esta situación, se paralizan las acciones individuales iniciadas hasta la resolución de dicho conflicto.

Traslado voluntario

El traslado voluntario es aquel en el que el trabajador solicita un cambio a otro centro de trabajo de forma voluntaria. Del mismo modo, dicho cambio implicará cambio de residencia.

Atendiendo al artículo 40 del Real Decreto Legislativo 2/2015, el trabajador, en caso de traslado voluntario, tendrá los siguientes derechos:

3. *Si por traslado uno de los cónyuges cambia de residencia, el otro, si fuera trabajador de la misma empresa, tendrá derecho al traslado a la misma localidad, si hubiera puesto de trabajo.*

4. *Las personas trabajadoras que tengan la consideración de víctimas de violencia de género o de víctimas del terrorismo, que se vean obligadas a abandonar el puesto de trabajo en la localidad donde venían prestando sus servicios, para hacer efectiva su protección o su derecho a la asistencia social integral, tendrán derecho preferente a ocupar otro puesto de trabajo, del mismo grupo profesional o categoría equivalente, que la empresa tenga vacante en cualquier otro de sus centros de trabajo.*

En tales supuestos, la empresa estará obligada a comunicar a los trabajadores las vacantes existentes en dicho momento o las que se pudieran producir en el futuro.

El traslado o el cambio de centro de trabajo tendrá una duración inicial de seis meses, durante los cuales la empresa tendrá la obligación de reservar el puesto de trabajo que anteriormente ocupaban los trabajadores.

Terminado este período, los trabajadores podrán optar entre el regreso a su puesto de trabajo anterior o la continuidad en el nuevo. En este último caso, decaerá la mencionada obligación de reserva.

5. *Para hacer efectivo su derecho de protección a la salud, los trabajadores con discapacidad que acrediten la necesidad de recibir fuera de su localidad un tratamiento de habilitación o rehabilitación médico-funcional o atención, tratamiento u orientación psicológica relacionado con su discapacidad, tendrán derecho preferente a ocupar otro puesto de trabajo, del mismo grupo profesional, que la empresa tuviera vacante en otro de sus centros de trabajo en una localidad en que sea más accesible dicho tratamiento, en los términos y condiciones establecidos en el apartado anterior para las trabajadoras víctimas de violencia de género y para las víctimas del terrorismo.*

Traslado temporal

Además de los supuestos anteriores, las empresas, cuando concurran razones económicas, técnicas, organizativas o de producción, o se produzcan contrataciones referidas a la actividad de la empresa, podrán trasladar temporalmente a sus trabajadores a otros centros de trabajo.

Para que dicho traslado sea efectivo y temporal, deberá suponer un cambio de residencia del trabajador a una población distinta a su domicilio habitual y no podrá superar un periodo de doce meses en tres años.

Para ello, la empresa deberá comunicar dicho desplazamiento al trabajador con una antelación suficiente a la fecha de su efectividad que, en ningún caso, podrá ser de menos de cinco días laborables para desplazamientos de más de tres meses.

Aplicación práctica

La empresa Martillos, S. L., tiene actualmente una plantilla de 250 trabajadores. A causa de la apertura de un nuevo centro de trabajo, la empresa ha decidido trasladar a 50 trabajadores a este centro nuevo, ubicado en una ciudad distinta al original, por un periodo de cinco meses. La empresa se lo ha comunicado a los trabajadores afectados y a sus representantes en el plazo estipulado en la normativa reguladora.

¿Qué tipo de modificación de las condiciones de trabajo se está produciendo? ¿Qué alternativas tienen los trabajadores ante esta modificación?

SOLUCIÓN

La empresa tiene 250 trabajadores y quiere trasladar a 50 de ellos a un nuevo centro de trabajo. Como se trata de una cantidad de personas trasladadas superior al 10 % del total de la plantilla de la empresa en un periodo superior a 90 días, se trata de un traslado colectivo. Este se ha llevado a cabo de forma correcta al notificarlo a los empleados implicados y a sus representantes legales con una antelación mínima de 30 días.

Ante un traslado colectivo, el trabajador puede optar por una de las siguientes alternativas:

I Trasladarse, percibiendo la compensación correspondiente.
I Extinguir la relación laboral.
I Impugnar el traslado ante el Juzgado de lo Social.

 Actividades

1. Busque empresas de su entorno que hayan propuesto un traslado colectivo de sus trabajadores.
2. Indique las diferencias principales entre traslado colectivo, traslado individual y traslado voluntario.

2.3. Modificación sustancial de las condiciones de trabajo

Cuando haya pruebas de razones económicas, técnicas, organizativas o de producción, la empresa puede acordar realizar modificaciones sustanciales de las condiciones de trabajo de sus empleados. Serán modificaciones sustanciales aquellas que estén relacionadas con los siguientes aspectos:

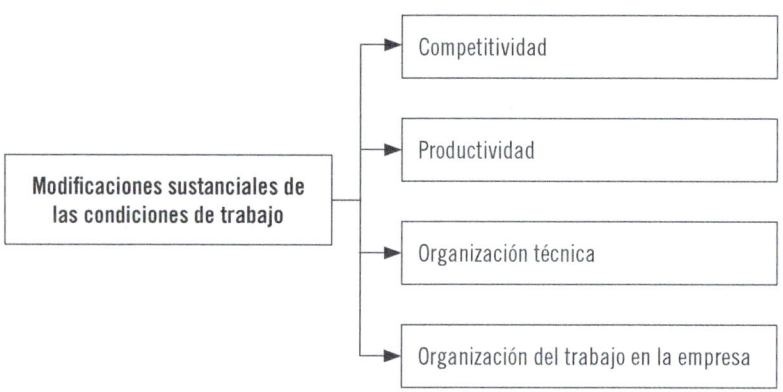

Concretamente, se considerarán modificaciones sustanciales de las condiciones de trabajo, las que afecten a las siguientes materias, entre otras:

- Jornada laboral.
- Horario y distribución del tiempo de trabajo.
- Régimen de trabajo a turnos.
- Sistemas de remuneración y cuantía salarial.
- Sistema de trabajo y rendimiento del trabajador.
- Funciones, en el caso de exceso de los límites establecidos para la movilidad funcional.

Estas modificaciones sustanciales pueden afectar a las condiciones estipuladas en el contrato del trabajador, bien por acuerdo, por pactos colectivos o bien por una decisión unilateral del empresario de efectos colectivos.

Asimismo, estas modificaciones pueden ser de carácter individual o colectivo.

Modificaciones sustanciales de las condiciones de trabajo de carácter individual

Las modificaciones sustanciales tendrán carácter individual cuando, en un periodo de noventa días, afecten a un número de trabajadores inferior a:

- En empresas de menos de 100 trabajadores: 10 trabajadores.
- En empresas de entre 100 y 300 trabajadores: el 10 % del total.
- En empresas de más de 300 trabajadores: 30 trabajadores.

En estos casos, el empresario deberá notificar la decisión de modificación al trabajador afectado y a sus representantes legales, como mínimo, quince días antes de la fecha efectiva de los cambios.

Si una sentencia de la jurisdicción social declara injustificada la modificación, el empresario estará obligado a restablecer las anteriores condiciones de trabajo.

Ante la notificación de modificaciones sustanciales de las condiciones de trabajo, el trabajador podrá optar por:

- Aceptar la decisión de la empresa.
- Extinguir la relación laboral, antes de la fecha efectiva de las modificaciones, siempre que dichos cambios sean perjudiciales para el trabajador y siempre que afecten a los siguientes aspectos:

  - Jornada de trabajo.
  - Horario y distribución del tiempo de trabajo.
  - Régimen de trabajo a turnos.
  - Sistema de remuneración y cuantía salarial.
  - Funciones, en el caso de exceso de los límites establecidos para la movilidad funcional.

- Recurrir ante el Juzgado de lo Social dicha decisión, cuando el trabajador esté disconforme.

Modificaciones sustanciales de las condiciones de trabajo de carácter colectivo

Se considerarán modificaciones sustanciales de carácter colectivo cuando, en un período de noventa días, afecte como mínimo a los siguientes trabajadores:

- En empresas de menos de 100 trabajadores: 10 trabajadores.
- En empresas de entre 100 y 300 trabajadores: el 10 % del total.
- En empresas de más de 300 trabajadores: 30 trabajadores.

Del mismo modo que en los traslados colectivos, ante modificaciones sustanciales colectivas, deberá abrirse un periodo de consultas con los representantes legales de los trabajadores, periodo que deberá versar sobre las causas que han motivado dicha decisión y la posibilidad de evitar o reducir sus efectos.

En el periodo de consultas, las partes deberán negociar con buena fe con la finalidad de alcanzar un acuerdo. Eso sí, dicho acuerdo requerirá la conformidad de la mayoría de los representantes legales de los trabajadores o, cuando corresponda, de la mayoría de la comisión que representa a los trabajadores. Esta conformidad será obligatoria cuando los representantes legales o la comisión representativa actúen en nombre de la mayoría de los trabajadores del centro o centros afectados.

En todo caso, el empresario deberá notificar su decisión sobre las modificaciones sustanciales de las condiciones de trabajo a los trabajadores afectados. Ante este hecho, los trabajadores podrán optar por una de las siguientes alternativas:

- Aceptar las modificaciones.
- Rescindir de forma individual su relación laboral con la empresa, antes de la fecha efectiva de las modificaciones, siempre que dichos cambios sean perjudiciales para el trabajador y siempre que afecten a los siguientes aspectos:

  - Jornada de trabajo.
  - Horario y distribución del tiempo de trabajo.
  - Régimen de trabajo a turnos.
  - Sistema de remuneración y cuantía salarial.
  - Funciones, en el caso de exceso de los límites establecidos para la movilidad funcional.

  En estos casos, el trabajador recibirá una indemnización de veinte días de salario por año de servicio, con un máximo de nueve meses. En periodos inferiores al año, se prorrateará la parte correspondiente.
- Reclamar en conflicto colectivo. En este caso, se paralizan las acciones individuales iniciadas hasta la resolución de dicho conflicto.

 Aplicación práctica

Juan trabaja en la empresa Puertas, S. A., y le ha sido comunicada con una antelación de cuatro meses la modificación de sus condiciones laborales. A partir de la fecha indicada en la notificación, se modificará la retribución salarial de Juan y su jornada laboral.

¿Ante qué tipo de modificación se está encontrando Juan? ¿Qué alternativas tiene?

SOLUCIÓN

La modificación de la retribución salarial de Juan y de su jornada laboral es una modificación sustancial de sus condiciones de trabajo. Al solo ser Juan el afectado en toda la empresa, se trataría concretamente de una modificación sustancial de las condiciones de trabajo de carácter individual.

Continúa en página siguiente >>

<< Viene de página anterior

Ante esta situación, Juan puede optar por:

I Aceptar las modificaciones.
I Rescindir de forma individual su relación laboral con la empresa antes de la fecha efectiva de las modificaciones.
I Recurrir ante el Juzgado de lo Social dicha decisión, si está disconforme.

---

3. Suspensión del contrato de trabajo

El Real Decreto Legislativo 2/2015 dedica íntegramente la Sección 3.ª del Capítulo III de su Título Primero a abordar la suspensión del contrato de trabajo.

Se considera suspensión del contrato de trabajo la interrupción temporal de la prestación laboral, sin que se haya producido una ruptura del vínculo contractual entre empresario y empleado.

Las causas de suspensión de un contrato de trabajo pueden ser las siguientes:

CAUSAS DE SUSPENSIÓN

- Mutuo acuerdo de las partes
- Causas consignadas válidamente en el contrato
- Excedencia forzosa
- Incapacidad temporal
- Nacimiento y cuidado de menor
- Riesgo durante el embarazo
- Riesgo durante la lactancia natural de un menor de nueve meses
- Adopción, guarda con fines de adopción o acogimiento, en determinadas circunstancias
- Privación de libertad mientras no haya sentencia condenatoria
- Fuerza mayor temporal
- Causas económicas, técnicas, organizativas o de producción

Continúa en página siguiente >>

<< Viene de página anterior

CAUSAS DE SUSPENSIÓN

- Ejercicio de cargo público representativo
- Ejercicio del derecho de huelga
- Cierre legal de la empresa
- Suspensión de empleo y sueldo por razones disciplinarias
- Permiso de formación o perfeccionamiento profesional
- Decisión de la trabajadora que esté obligada a abandonar su trabajo por ser víctima de violencia de género
- Disfrute del permiso parental

En el caso de producirse una suspensión del contrato, quedarán sin efecto las obligaciones de ambas partes, es decir, trabajar y remunerar el trabajo. En determinadas ocasiones, el trabajador podrá percibir una prestación de la Seguridad Social que sustituya el salario que había estado percibiendo hasta el momento de la suspensión.

 Nota

Con carácter general, el trabajador tendrá derecho a reincorporarse a su puesto de trabajo cuando hayan cesado las causas que motivaron la suspensión del contrato.

En los siguientes apartados se irán comentando las peculiaridades de las principales causas de suspensión del contrato de trabajo.

3.1. Mutuo acuerdo de las partes y causas consignadas válidamente en el contrato

En el caso de existir mutuo acuerdo de las partes sobre la suspensión del contrato y las causas consignadas, no se exige forma escrita. No obstante, lo más habitual es que el trabajador haya sido el que haya solicitado dicha suspensión y la haya pactado con el empresario. En este caso, deberá dejarse constancia escrita de las condiciones de la suspensión, para evitar cualquier discrepancia o posibles reclamaciones del trabajador. Los efectos de la suspensión en relación a duración de la misma y derecho de recuperación del puesto de trabajo serán los que se estipulen por consentimiento de ambas partes.

Si se produce un acuerdo individual simultáneo con todos los trabajadores afectados por una suspensión del contrato por causas económicas, técnicas, organizativas o de producción, se producirá un fraude de ley, con la consiguiente invalidez del acuerdo.

En el caso de suspensión del contrato por alguna causa consignada válidamente en el contrato de trabajo, los efectos y límites serán los mismos que en el caso de la suspensión por mutuo acuerdo.

3.2. Incapacidad temporal

La incapacidad temporal es aquella situación del trabajador en la que se encuentra impedido para desempeñar su trabajo de forma temporal. Durante este periodo, el trabajador recibe asistencia sanitaria por parte de la Seguridad Social.

La suspensión del contrato por incapacidad temporal durará un plazo máximo de doce meses, prorrogables por otros seis meses cuando se presuma que el trabajador pueda ser dado de alta médica durante dicho periodo.

Si se produce una suspensión del contrato de trabajo y el trabajador en incapacidad temporal se declara en situación de incapacidad permanente total, absoluta o gran invalidez, se podrá extinguir el contrato de trabajo.

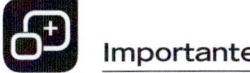 **Importante**

Las empresas que tengan trabajadores en situación de incapacidad temporal han de tener en cuenta lo regulado en la Orden ESS/1187/2015, de 15 de junio, de gestión y control de los procesos por incapacidad temporal en los primeros trescientos sesenta y cinco días de su duración.

Eso sí, no podrá extinguirse el contrato cuando, a juicio del órgano de calificación, la situación de incapacidad del empleado pueda ser previsiblemente objeto de revisión por posible mejoría que permita al trabajador reincorporarse a su puesto de trabajo. En este caso, permanecerá la suspensión del contrato de trabajo, debiendo reservarse el puesto durante dos años desde la fecha de la resolución por la que se declare la incapacidad permanente del trabajador.

En todo caso, la suspensión del contrato por incapacidad temporal se terminará cuando se declare el alta médica del trabajador por recuperación del mismo o por declaración de incapacidad permanente al finalizar la duración máxima de la incapacidad temporal.

3.3. Maternidad, paternidad, adopción o acogimiento

En los supuestos de nacimiento de hijo, el periodo de suspensión del contrato será, como máximo, de 16 semanas ininterrumpidas, ampliables en el caso de parto múltiple, de discapacidad y de hospitalización del neonato. El periodo de suspensión se distribuirá a opción de la interesada siempre que seis semanas sean inmediatamente posteriores al parto.

En el caso de producirse un parto y trabajen ambos progenitores, estos podrán disfrutar una parte determinada e ininterrumpida del periodo de suspensión posterior al parto, bien de forma simultánea o sucesiva al de la madre.

Este periodo de suspensión podrá distribuirse entre los progenitores, siempre que las seis semanas inmediatamente posteriores al parto las disfrute la madre. Si se produjera el fallecimiento de la madre, el padre podría utilizar dichas semanas de suspensión.

En casos de adopción, guarda con fines de adopción y acogimiento, el periodo de suspensión es de dieciséis semanas para cada adoptante, guardador o acogedor. Es obligatorio disfrutar, de forma ininterrumpida y a jornada completa, las primeras seis semanas inmediatas a la resolución judicial o decisión administrativa. El resto del periodo se puede disfrutar por semanas, en el año siguiente a la resolución o decisión.

En el supuesto de discapacidad del menor nacido, adoptado, en situación de guarda con fines de adopción o acogido, el periodo de suspensión del contrato se ampliará dos semanas (una para cada uno de los progenitores) que, si ambos progenitores trabajan, podrán distribuirse a opción de los interesados. Estas dos semanas podrán disfrutarse de forma simultánea o sucesiva y siempre de forma ininterrumpida.

Así mismo, los trabajadores tienen derecho a un **permiso parental** para el cuidado del menor hasta que cumpla ocho años. Consiste en un permiso no superior a 8 semanas que se puede disfrutar de forma continua o discontinua, a jornada completa o parcial. El periodo de disfrute se ha comunicar a la empresa con diez días de antelación o según lo establecido en convenio colectivo.

 Aplicación práctica

María y Francisco trabajan por cuenta ajena en empresas distintas y acaban de ser padres por parto natural de María. ¿Se produce alguna suspensión del contrato de trabajo en los contratos de María y Francisco? ¿Puede suspenderse el contrato de los dos cónyuges por un mismo periodo de tiempo y de forma simultánea?

SOLUCIÓN

Al haber sido padres por parto natural de la madre, tanto María como Francisco tienen derecho a la suspensión de su contrato de trabajo por nacimiento y cuidado de menor.

Continúa en página siguiente >>

<< Viene de página anterior

Se suspenderá el contrato de trabajo durante un periodo máximo de 16 semanas ininterrumpidas. Este periodo de suspensión podrá distribuirse entre los progenitores, siempre que las seis semanas inmediatamente posteriores al parto las disfrute la madre. Si se produjera el fallecimiento de la madre, el padre podría utilizar dichas semanas de suspensión.

Pueden disfrutar dicha suspensión simultáneamente siempre que, entre los dos progenitores, no se superen las 16 semanas ininterrumpidas.

3.4. Riesgo durante el embarazo y la lactancia

La suspensión de un contrato de trabajo por riesgo durante el embarazo se produce cuando, como su nombre indica, existe un riesgo para la salud de la trabajadora embarazada o para el feto y no hay posibilidad de que esta pueda cambiar a otro puesto de trabajo compatible con su estado o este no pueda exigirse por motivos justificados.

Evidentemente, solo podrá darse esta suspensión cuando los riesgos o patologías de la trabajadora influyan o puedan influir negativamente en la trabajadora o en el feto a causa de los agentes, procedimientos o condiciones inherentes al puesto de trabajo.

En el caso de que la trabajadora sufriese una patología que no estuviese relacionada con el puesto de trabajo, no se daría riesgo durante el embarazo y se produciría una baja por contingencias comunes (por enfermedad común).

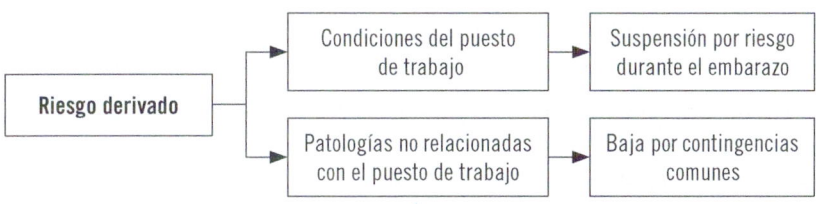

El riesgo durante la lactancia se produce por situaciones muy similares al riesgo durante el embarazo. La suspensión del contrato por riesgo durante la lactancia se produce cuando existe un riesgo para la salud de la madre o del bebé a causa de las condiciones de trabajo de esta y no hay posibilidad de ubicarla en otro puesto de trabajo o hay razones justificadas para no hacerlo.

La suspensión del contrato laboral por riesgo durante el embarazo y lactancia se da por finalizado cuando el periodo de embarazo ha finalizado o cuando el lactante cumple los nueve meses.

En cualquiera de los dos casos, también finalizará dicha suspensión cuando desaparezca el riesgo, bien porque la trabajadora pueda reincorporarse a su puesto anterior o bien porque pueda ser reubicada a otro puesto que no suponga riesgo para la madre, feto o lactante.

 Actividades

3. Indique las principales diferencias entre la suspensión del contrato de trabajo por nacimiento de menor y la suspensión del contrato de trabajo por riesgo durante el embarazo.
4. Ponga ejemplos de suspensión de contrato de trabajo por la incapacidad temporal de un trabajador.

3.5. Ejercicio de cargo público representativo

Cuando un trabajador no puede asistir al trabajo por estar ejerciendo un cargo público representativo, podrá producirse la suspensión de su contrato de trabajo. Durante esta suspensión, el trabajador no podrá percibir ningún salario.

La suspensión del contrato se dará por terminada cuando el trabajador cese el cargo público que le impedía asistir a su puesto de trabajo.

En este caso, el empleado debe solicitar la reincorporación a su puesto laboral reservado en un plazo máximo de treinta días naturales, a contar desde el cese en el cargo.

3.6. Privación de libertad del trabajador, mientras no exista sentencia condenatoria

Se produce la suspensión del contrato de trabajo del trabajador cuando a este se le priva la libertad, mientras no exista sentencia condenatoria definitiva.

Durante el periodo de suspensión, el trabajador no tiene derecho a percibir ningún salario y dicha suspensión permanecerá vigente hasta que finalice la privación de libertad o hasta que esta privación no sea consecuencia de una sentencia condenatoria.

En el caso de absolución en la sentencia, el empleado debe reincorporarse a su puesto de trabajo de forma inmediata.

3.7. Suspensión de empleo y sueldo por razones disciplinarias

La suspensión de empleo y sueldo por razones disciplinarias se produce cuando sucede alguna de las causas designadas en el Estatuto de los Trabajadores o en el convenio colectivo en el que se incluye al trabajador. Se produce por faltas de mayor o menor gravedad y puede darse una suspensión de empleo, de sueldo o de ambas.

En el caso de suspensión de sueldo, el trabajador tiene prohibido trabajar de forma expresa. Eso sí, este deberá reincorporarse a su puesto en el momento que se cumpla la sanción de forma inmediata.

3.8. Fuerza mayor temporal

La fuerza mayor sucede cuando se produce un suceso de carácter extraordinario o desacostumbrado de forma completamente inevitable o imprevisible, siempre que las consecuencias de este impidan que la empresa y los trabajadores puedan desarrollar sus obligaciones y tareas habituales.

La suspensión del contrato de trabajo requiere la autorización de la autoridad laboral y, previamente a la suspensión, es obligatoria la tramitación del expediente oportuno para constatar que existen causas razonables para justificar la fuerza mayor.

En este caso, el trabajador tampoco tendrá derecho a percibir ningún salario ni tampoco a percibir ninguna indemnización por dicha causa, aunque sí tendrá derecho a percibir la prestación por desempleo.

La suspensión permanecerá vigente hasta que finalice el periodo de tiempo indicado por la autoridad laboral en la resolución que aprobó la solicitud de suspensión o, en caso de prórrogas, cuando finalicen estas.

3.9. Causas económicas, técnicas, organizativas o de producción

Este tipo de suspensión del contrato de trabajo se realiza a iniciativa del empresario cuando existan causas fundadas de carácter económico, técnico, organizativo o de producción. Dicha suspensión deberá comunicarse de forma previa a la autoridad laboral y deberá estar precedida de un periodo temporal de consultas con los representantes de los trabajadores que no podrá superar los quince días.

Por causas económicas, técnicas, organizativas o de producción de carácter temporal, la empresa podrá reducir temporalmente la jornada de trabajo de las personas trabajadoras o suspender temporalmente los contratos de trabajo, según lo previsto en el procedimiento que se determine reglamentariamente.

Se entienden causas económicas cuando de los resultados de la empresa se desprenda una situación negativa, como la existencia de pérdidas actuales o previstas, o la disminución persistente de su nivel de ingresos ordinarios o ventas. Se entiende por causas técnicas cuando se produzcan cambios, entre otros, en el ámbito de los medios o instrumentos de producción. Causas organizativas, cuando se produzcan cambios, entre otros, en el ámbito de los sistemas y métodos de trabajo del personal o en el modo de organizar la producción. Y causas de la producción, cuando se produzcan cambios, entre otros, en la demanda de los productos o servicios que la empresa pretende colocar en el mercado.

Se comunicará a la autoridad laboral competente y se abrirá un periodo de consultas con la representación legal de las personas trabajadoras de duración no superior a quince días.

 Nota

El trabajador no podrá realizar horas extra durante el periodo de reducción de jornada, salvo casos de fuerza mayor.

Mecanismo RED de Flexibilidad y Estabilización del Empleo

El Mecanismo RED de Flexibilidad y Estabilización del Empleo es un instrumento de flexibilidad y estabilización del empleo que permite a las empresas la solicitud, de forma más ágil y sencilla, de medidas de reducción de jornada y suspensión de contratos de trabajo.

El Mecanismo RED (no confundir con Sistema RED) tiene dos modalidades:

a. **Cíclica,** cuando la coyuntura macroeconómica general aconseje la adopción de instrumentos adicionales de estabilización, con una duración máxima de un año.
b. **Sectorial,** cuando se aprecien cambios permanentes en aquellos sectores productivos que generen necesidades de recualificación y de procesos de transición profesional de las personas trabajadoras, con una duración máxima inicial de un año y la posibilidad de dos prórrogas de seis meses cada una.

Las personas trabajadoras cubiertas por el Mecanismo RED tienen la consideración de colectivo prioritario para el acceso a las iniciativas de formación del sistema de formación profesional para el empleo en el ámbito laboral y se benefician de medidas en materia de protección social por la Seguridad Social.

El Fondo RED de Flexibilidad y Estabilización del Empleo atiende las posibles necesidades de financiación derivadas de ambas modalidades cíclica y sectorial del Mecanismo RED.

3.10. Excedencias

Las excedencias son solicitudes de suspensión del contrato de trabajo solicitadas por el trabajador.

Hay cuatro tipos de excedencias voluntarias que se reflejan en el gráfico siguiente:

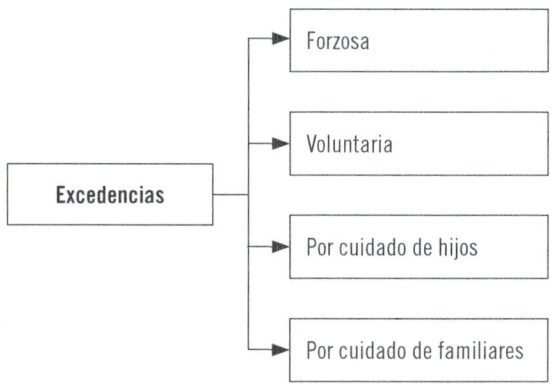

Excedencia forzosa

Tal y como indica el artículo 46.1 del Estatuto de los Trabajadores, la excedencia forzosa se concede por la designación o elección para un cargo público que impida al trabajador la asistencia al trabajo.

Tal y como se ha comentado anteriormente, el trabajador deberá solicitar la reincorporación dentro del mes siguiente al cese del cargo público que originó la suspensión.

En casos de excedencia forzosa, el trabajador tendrá derecho a:

- Conservar su puesto de trabajo.
- Computar la antigüedad durante la vigencia de la suspensión.

Excedencia voluntaria

La excedencia voluntaria será posible siempre que el trabajador tenga, al menos, un año de antigüedad en la empresa. El plazo de dicha excedencia no puede ser inferior a cuatro meses ni superior a cinco años y solo podrá ser ejercitada de nuevo si han pasado cuatro años desde el final de la anterior excedencia voluntaria.

Excedencia por cuidado de hijos

Los trabajadores tienen derecho a un periodo de excedencia no superior a los tres años para atender al cuidado de cada hijo, bien cuando lo sea por naturaleza, por adopción o en casos de guarda con fines de adopción o acogimiento permanente.

La excedencia empezará a contar desde la fecha del nacimiento del hijo o desde la fecha en la que se produzca la resolución judicial o administrativa, en el caso que corresponda.

Excedencia por cuidado de familiares

Tal y como se indica en el artículo 46.3 del Estatuto de los Trabajadores:

> También tendrán derecho a un periodo de excedencia, de duración no superior a dos años, salvo que se establezca una duración mayor por negociación colectiva, los trabajadores para atender al cuidado del cónyuge o pareja de hecho, o de un familiar hasta el segundo grado de consanguinidad y por afinidad, incluido el familiar consanguíneo de la pareja de hecho que por razones de edad, accidente, enfermedad o discapacidad no pueda valerse por sí mismo, y no desempeñe actividad retribuida.

Tanto en el caso de excedencia por cuidado de familiares como por cuidado de hijos, esta se podrá disfrutar de forma fraccionada y se considera un derecho individual de los trabajadores.

Eso sí, si hay varios trabajadores que tienen derecho a excedencia por cuidado de familiares por el mismo familiar, el empresario podrá limitar que estos trabajadores ejerciten la excedencia de forma simultánea.

En el caso de que un nuevo sujeto causante diese derecho a un nuevo periodo de excedencia, el inicio de esta supondrá la finalización de la excedencia que se estuviese disfrutando en ese momento.

 Importante

En excedencia por cuidado de familiares o cuidado de hijos, el trabajador tendrá derecho a la reserva de su puesto de trabajo durante el primer año de esta. Esta reserva queda referida a un puesto de trabajo del grupo profesional o categoría equivalente.

 Aplicación práctica

Clara está trabajando para la empresa Aluminios, S. L., y acaba de ser elegida alcaldesa de su localidad, ocupando así un cargo público que le va a impedir acudir a su trabajo. ¿Qué debe solicitar? ¿Tendrá derecho a alguna suspensión de su contrato laboral? ¿Cuándo finalizará el derecho?

Por otra parte, Marta trabaja para la misma empresa y, ante la imposibilidad de encontrar a alguien que la ayude para cuidar a su hija, se está planteando la posibilidad de pedir una suspensión de su contrato laboral. ¿Podrá solicitarlo? ¿A qué tendrá derecho?

SOLUCIÓN

Clara, por su parte, acaba de ocupar un cargo público que le impide acudir a su trabajo, por lo que tiene derecho a solicitar una excedencia forzosa y tendrá derecho a conservar su

Continúa en página siguiente >>

<< Viene de página anterior

puesto de trabajo y a computar la antigüedad durante el periodo de la suspensión.

Eso sí, Clara deberá solicitar la reincorporación a su puesto de trabajo en el plazo de un mes desde la fecha de cese del cargo público por el que solicitó la excedencia.

Por otra parte, Marta tiene derecho a solicitar una excedencia por cuidado de hijos. Esta excedencia no podrá ser superior a los tres años y empezará a contar desde la fecha del nacimiento del hijo o desde la fecha en la que se produzca la resolución judicial o administrativa, en el caso que corresponda.

3.11. Ejercicio del derecho de huelga o cierre legal de la empresa

La huelga se produce cuando un colectivo de trabajadores acuerda de forma unilateral cesar su prestación de servicios; en este caso se produce también una suspensión del contrato de trabajo de estos.

El trabajador no tendrá derecho al salario, a la suspensión por el ejercicio de este derecho ni a la prestación por incapacidad temporal ni desempleo.

Eso sí, tendrá derecho a reincorporarse a su puesto de trabajo anterior en cualquier momento, aunque la huelga la sigan otros trabajadores.

Además, durante los días de suspensión, la empresa debe comunicar esta a la Seguridad Social para que se suspenda la obligación de cotizar por parte del trabajador y por parte de la empresa.

Si no se comunicase, la obligación de cotizar permanecería durante esos días, aunque se realizaría por la base y tope mínimo de cotización.

Cierre legal de la empresa

En este caso, es la empresa la que adopta la decisión unilateral de clausurar el centro de trabajo durante el tiempo indispensable para que puedan solucionarse las irregularidades o circunstancias que originaron dicha suspensión.

El trabajador no tendrá derecho a percibir ningún salario mientras dure el cierre de la empresa, salvo que este cierre se declare ilegal.

Cuando se produzca la reapertura del centro, el trabajador tiene derecho a reincorporarse a su puesto de trabajo de forma inmediata.

3.12. Abandono obligatorio del puesto de trabajo por ser víctima de violencia de género

Las mujeres que se vean obligadas a tomar la decisión de abandonar su puesto de trabajo por ser víctimas de violencia de género, tienen derecho a la suspensión de su contrato de trabajo.

Inicialmente, el periodo de suspensión no puede ser superior a seis meses, excepto que las actuaciones de tutela judicial determinen que dicha suspensión ha de continuar. En este supuesto, el juez permitirá prorrogar el periodo de suspensión por trimestres, con un límite máximo de seis trimestres.

 Nota

Las trabajadoras que se encuentren en esta situación tienen preferencia para ejercer el derecho a ocupar un puesto de trabajo vacante (con igual o similar grupo profesional o categoría) en cualquier otro de los centros de trabajo de la empresa.

 Actividades

5. Busque dos ejemplos en los que la empresa haya adoptado la decisión unilateral de cerrar algún centro de trabajo y analice los hechos sucedidos posteriormente a la comunicación de dicho cierre.

4. Extinción del contrato de trabajo

Toda relación laboral entre trabajador y empresa tiene un periodo de vigencia. Cuando finaliza dicho periodo, se produce la extinción del contrato de trabajo.

Las causas posibles que pueden originar la extinción del contrato de trabajo se mencionan en el artículo 49 del Estatuto de los Trabajadores. Se trata de las siguientes:

CAUSAS DE EXTINCIÓN

- Mutuo acuerdo de las partes
- Causas consignadas válidamente en el contrato
- Expiración del tiempo convenido
- Dimisión del trabajador
- Muerte, gran invalidez o incapacidad permanente total o absoluta
- Jubilación del trabajador
- Muerte, jubilación o incapacidad del empresario
- Extinción de la personalidad jurídica del contratante
- Fuerza mayor que imposibilite definitivamente la prestación de trabajo
- Despido colectivo por causas económicas, técnicas, organizativas o de producción
- Voluntad del trabajador por incumplimiento contractual del empresario
- Despido del trabajador
- Causas objetivas procedentes legalmente
- Decisión de la trabajadora que se vea obligada a dejar definitivamente su puesto de trabajo por ser víctima de violencia de género.

4.1. Mutuo acuerdo entre las partes

La extinción del contrato por mutuo acuerdo entre partes se produce cuando, a pesar de no haber llegado la fecha de finalización del contrato de trabajo ni cualquier otra causa que lo ocasionase, trabajador y empresa pactan dar por finalizada la relación laboral.

La única condición exigida para que sea válida dicha extinción es que la manifestación de voluntad de rescindir la relación de trabajo debe ser expresada de forma voluntaria.

Lo más habitual es que sea el trabajador el que solicite la baja y que el empresario la acepte de forma voluntaria. En este caso se firma un documento denominado "finiquito" y se saldan todas las obligaciones pendientes entre las partes.

En esta situación, el trabajador no tiene derecho a ninguna indemnización.

4.2. Causas consignadas en el contrato de trabajo

En este caso, la relación laboral se extingue por alguna de las causas que se anotaron en el contrato de trabajo en el momento de su firma.

La extinción del contrato por causas consignadas válidamente en el contrato solo se producirá cuando ocurra alguna condición resolutoria que ponga fin al mismo.

 Importante

Si el empresario quiere poner fin a la relación laboral, pero las causas alegadas no son válidas, dicho contrato continuará vigente en todos sus efectos.

Para que la condición de extinción acontecida sea eficaz y válida, deben concurrir los siguientes supuestos:

- Que la condición no sea contraria a las leyes, al orden público o a la moral.
- Que no resulte imposible de cumplir.
- Que no forme abuso de derecho manifiesto por parte del empresario.

Sea como fuere, las causas deben ser alegadas por alguna de las partes. En caso contrario, el contrato de trabajo se presumirá prorrogado tácitamente por tiempo indefinido.

4.3. Expiración del tiempo convenido para la realización de una obra o servicio

En este caso, la persona trabajadora tendrá derecho a recibir una indemnización de cuantía equivalente a la parte proporcional de la cantidad que resultaría de abonar doce días de salario por cada año de servicio, o la establecida, en su caso, en la normativa específica que sea de aplicación.

Son excepción los siguientes tipos de contrato:

- Los contratos formativos.
- El contrato de duración determinada por causa de sustitución.

Los contratos de duración determinada que tengan establecido un plazo máximo de duración, incluidos los contratos formativos, concertados por una duración inferior a la máxima legalmente establecida, se entenderán prorrogados automáticamente hasta dicho plazo cuando no medie denuncia o prórroga expresa y el trabajador continúe prestando servicios.

Expirada dicha duración máxima, si no hubiera denuncia y se continuara en la prestación laboral, el contrato se considerará prorrogado tácitamente por tiempo indefinido, salvo prueba en contrario que acredite la naturaleza temporal de la prestación.

Si el contrato de trabajo de duración determinada es superior a un año, la parte del contrato que formule la denuncia está obligada a notificar a la otra la terminación del mismo con una antelación mínima de quince días.

Importante

El art. 56 del ET, que pertenece a los referidos a la extinción del contrato de trabajo y sus causas, habla del despido improcedente, y establece que en este caso que el empresario puede optar bien por readmitir al trabajador, bien por el pago de una indemnización. Si este tipo de despido se realiza a un representante sindical, será esta persona quien tome la decisión.

Actividades

6. Busque sectores donde sea frecuente contratar a los trabajadores con contratos de duración determinada. ¿Por qué cree que se da esta circunstancia?
7. Analice las diferencias en la indemnización de un trabajador que lleve 3 años trabajando y cobrando un salario de 15.000 € si empezó la relación laboral en 2019, 2020 o 2021.

4.4. Voluntad del trabajador: dimisión o resolución del contrato

El trabajador, atendiendo al artículo 50 del Estatuto de los Trabajadores, podrá extinguir voluntariamente su contrato de trabajo (dándose la situación de resolución del contrato) por los siguientes motivos:

- Modificaciones sustanciales en las condiciones de trabajo sin motivo justificable.
- Falta de pago o retrasos continuados del salario pactado en el contrato.
- Cualquier otro incumplimiento grave de sus obligaciones por parte del empresario, salvo supuestos de fuerza mayor. Se considerará especialmente incumplimiento grave cuando el empresario se niegue a reintegrar al trabajador a sus anteriores condiciones de trabajo, cuando las causas que originaron el cambio se declaren injustificadas por sentencia judicial.

Cuando se produzca una extinción por voluntad del trabajador sujeta a estas causas, este tendrá derecho a las indemnizaciones dispuestas para el despido improcedente.

El importe de la indemnización, solo a efectos de abono por el Fondo de Garantía Salarial, se calculará tomando como base treinta días por año de servicio, con un máximo de un año, sin que el salario diario (como base del cálculo) pueda ser superior al doble del salario mínimo interprofesional o SMI diario, incluyendo la parte correspondiente de las pagas extraordinarias.

Dimisión del trabajador

En los casos de dimisión del trabajador, se produce una extinción del trabajo por voluntad del trabajador sin que exista una causa justificativa.

Cuando este quiera finalizar su relación laboral con la empresa de forma voluntaria, deberá emitir un preaviso con el plazo establecido en convenio, en el contrato o en lo usual, atendiendo a las costumbres del lugar.

Si no se notificase dicho preaviso en plazo o este fuese insuficiente, podrían descontarse del salario las cantidades establecidas en el convenio.

Aunque el trabajador no tiene necesidad de alegar ningún motivo para extinguir la relación laboral por dimisión, no tendrá derecho ni a indemnización ni a prestación por desempleo.

4.5. Situaciones que afectan al trabajador: muerte, incapacidad permanente y jubilación

Se pueden encontrar tres situaciones que afectan al trabajador en las que se produce la extinción del contrato de trabajo:

- **Fallecimiento del trabajador:** en caso de fallecimiento por muerte natural del trabajador, el empresario estará obligado a abonar a determinados parientes una indemnización correspondiente a quince días de salario.

- **Incapacidad permanente total del trabajador:** en este caso, la empresa tendrá la opción de romper la relación laboral o darle un puesto de trabajo que pueda desarrollar con dicha incapacidad.

  Si un trabajador en situación de incapacidad permanente total, absoluta o gran invalidez, se recupera por completo o se le transforma la calificación en incapacidad parcial, este tendrá derecho a ser reintegrado en la empresa en el momento que exista una vacante.

- **Jubilación:** en el caso de jubilación del trabajador, se dará por extinguida la relación laboral y el trabajador tendrá derecho a percibir la pensión de jubilación correspondiente.

  Es importante tener en cuenta que no hay una edad de jubilación máxima estipulada, ya que la jubilación es un derecho o facultad del trabajador. En otras palabras, aunque la edad de jubilación estuviese fijada en los 67 años, un trabajador que superase esa edad podría desempeñar sin problema su actividad laboral hasta que decidiese jubilarse por voluntad propia.

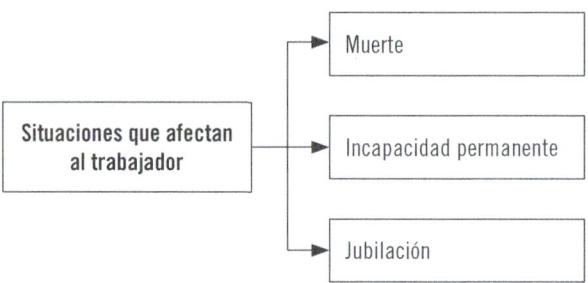

4.6. Situaciones que afectan al empresario: muerte, incapacidad permanente y jubilación

Las situaciones que afectan al empresario y que pueden derivar a la extinción del contrato de trabajo son prácticamente las mismas que las situaciones que afectan al trabajador:

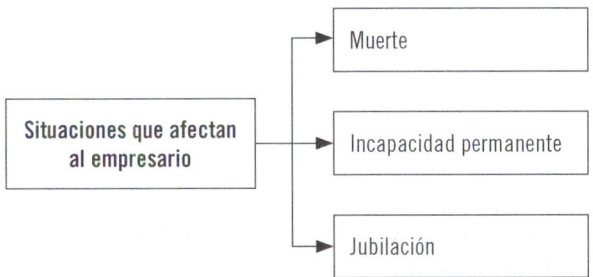

Cuando se produzca el fallecimiento, la incapacidad permanente o la jubilación del empresario, el contrato laboral solo quedará extinguido en aquellos casos en los que no haya nadie que continúe con la actividad empresarial.

Aunque los herederos no tienen ninguna obligación de continuar con el negocio y la aceptación de la herencia no implica la continuidad de la empresa, en caso de producirse un cierre de esta debido al fallecimiento del empresario, deberá notificarse la comunicación fehaciente y correspondiente a sus trabajadores.

Así, en aquellos casos en los que no persista la actividad empresarial por muerte, jubilación o incapacidad del empresario no será necesario que exista una autorización para que el trabajador tenga derecho a percibir una indemnización por importe de un mes de salario.

 Nota

La incapacidad del empresario solo se refiere a la imposibilidad manifiesta para desempeñar las funciones directivas de la empresa, es decir, el empresario ya no dispone de habilidades suficientes para dirigir el negocio, sin ser necesaria ninguna declaración de invalidez.

Si se extinguiese la personalidad jurídica del contratante, se deberán seguir los trámites correspondientes al procedimiento de despido colectivo, que se comentarán en apartados posteriores.

4.7. Causas objetivas: ineptitud, falta de adaptación, amortización de puestos de trabajo, otros

El Art. 52 del ET determina que podrá extinguirse el contrato por las siguientes causas objetivas:

a. Ineptitud de la persona trabajadora, siempre que sea sobrevenida o conocida posteriormente a su colocación efectiva en la empresa. Si la ineptitud existiese con anterioridad al periodo de prueba, esta no podrá alegarse con posterioridad a dicho periodo.

b. Falta de adaptación de la persona trabajadora a posibles modificaciones técnicas operadas en su puesto de trabajo, siempre que dichas modificaciones sean razonables. La empresa deberá ofrecer al trabajador un curso dirigido a facilitar la adaptación a las modificaciones operadas. El tiempo dedicado a la formación será tiempo efectivo de trabajo, teniendo derecho el trabajador al salario medio que viniera percibiendo. Deberán transcurrir dos meses desde que se introdujeron las modificaciones o desde que finalizó la formación dirigida a la adaptación.

c. Siempre que concurra alguna de las causas fundadas en causas económicas, técnicas, organizativas o de producción, cuando en un periodo de noventa días la extinción afecte al menos a 10 trabajadores en empresas que ocupen a menos de 100, al 10 % del número de personas trabajadoras en aquellas que ocupen a entre 100 y 300 o 30 trabajadores en empresas que ocupen a más de 300 personas trabajadoras.

d. Insuficiencia presupuestaria para mantener los contratos indefinidos celebrados por entidades sin ánimo de lucro y financiadas por las administraciones públicas mediante presupuestos.

 **Nota**

El artículo 51.1 del Estatuto de los Trabajadores hace referencia a la extinción de contratos de trabajo por despido colectivo en la empresa. La empresa que lleve a cabo un despido colectivo que afecte a más de cincuenta trabajadores, deberá ofrecer a los trabajadores afectados un plan de recolocación externa a través de empresas de recolocación autorizadas.

4.8. Forma y efectos de la extinción por causas objetivas

La forma y efectos de la extinción del contrato de trabajo por causas objetivas vienen regulados en el artículo 53 del Estatuto de los Trabajadores. En este se determina que, para poder adoptar la extinción del contrato por causas objetivas, deben observarse los siguientes requisitos:

- Comunicar por escrito la extinción al trabajador, expresando la causa.
- Poner a disposición del trabajador, de forma simultánea a la entrega de la comunicación escrita, una indemnización de 20 días por año de servicio, prorrateándose por meses los periodos de tiempo inferiores a un año y con un máximo de doce mensualidades.
- Conceder un plazo de preaviso de 15 días, computado desde la entrega de la comunicación personal al trabajador hasta la extinción del contrato de trabajo.

Durante el plazo de preaviso, el trabajador tendrá derecho a una licencia de seis horas semanales sin pérdida de retribución para que este pueda buscar un nuevo empleo.

Si el empresario utilizara como móvil de la extinción causas de discriminación prohibidas en la Constitución o en la ley, o bien se hubiese producido con violación de derechos fundamentales y libertades públicas del trabajador, la decisión de extinción se declarará nula, siendo imprescindible la declaración de oficio por la debida autoridad judicial.

Además, también se producirá la nulidad de la extinción, en los siguientes casos:

- En contratos suspendidos por nacimiento, adopción, guarda con fines de adopción, acogimiento, riesgo durante el embarazo, riesgo durante la lactancia natural, riesgo por enfermedades causadas por el embarazo, parto o lactancia natural.
- En trabajadoras embarazadas, desde la fecha de inicio del embarazo hasta el inicio del periodo de suspensión, en trabajadores que hayan solicitado determinados permisos laborales o estén disfrutando de ellos y en trabajadores que estén disfrutando o hayan solicitado una excedencia forzosa, o el de las trabajadoras víctimas de violencia de género cuando estén ejerciendo su derecho a la tutela judicial efectiva, a la protección o a la asistencia social integral.
- En trabajadores que se hayan reintegrado al trabajo al finalizar los periodos de suspensión del contrato por nacimiento, adopción, guarda con fines de adopción o acogimiento, siempre que no hayan transcurrido más de doce meses desde la fecha de inicio del periodo.

 Importante

Aunque no se conceda preaviso o se produzca algún error excusable en el cálculo de la indemnización, la extinción del contrato seguirá considerándose procedente.

4.9. Despido colectivo basado en causas económicas, técnicas, organizativas, de producción o fuerza mayor

Recogido en el Art. 51 del ET, el despido colectivo consiste en la extinción de contratos de trabajo fundamentada en causas económicas, técnicas, organizativas o de producción, siempre que, en un periodo de 90 días, dicha extinción afecte al menos a:

a. 10 personas trabajadoras en empresas de menos de 100 personas trabajadoras.

b. El 10 % del número de personas trabajadoras en empresas de entre 100 y 300 personas trabajadoras.

c. 30 personas trabajadoras en empresas de más de 300 personas trabajadoras.

En este ámbito, se entenderá que concurren causas económicas cuando se desprenda una situación económica negativa de los resultados de la empresa en casos como, por ejemplo, la existencia de pérdidas actuales o previstas o la disminución persistente del nivel de ingresos ordinarios o ventas.

En cualquier caso, se considerará que una disminución es persistente si el nivel de ingresos ordinarios o ventas de cada trimestre es inferior al registrado en el mismo trimestre del año anterior durante tres trimestres.

En relación a las causas técnicas, estas se darán cuando haya cambios, entre otros, en el ámbito de los medios o instrumentos de producción, y se producirán causas organizativas cuando haya cambios en el ámbito de los sistemas y métodos de trabajo del personal o en el modo de organizar la producción, entre otros.

Por último, existirán causas productivas cuando haya cambios en la demanda de los productos o servicios que la empresa pretende colocar en el mercado, entre otras.

Del mismo modo, también se considerará despido colectivo cuando se extingan los contratos de la totalidad de la plantilla de la empresa, siempre que el número de trabajadores sea superior a cinco, cuando este se produzca por la cesación total de la actividad empresarial.

El despido colectivo deberá preceder de un periodo de consultas con los representantes legales de los trabajadores, que deberá ser inferior a treinta días naturales o inferior a quince días naturales en aquellas empresas con menos de 50 trabajadores.

 Nota

Las empresas que realicen despidos colectivos que incluyan a trabajadores de 50 o más años deberán efectuar una aportación económica al Tesoro Público.

La comunicación de la apertura del periodo de consultas deberá realizarse por escrito por el empresario a los representantes legales de los trabajadores y deberá hacerse llegar una copia a la autoridad laboral.

En esta comunicación se deberán contemplar los siguientes aspectos:

- La especificación de las causas del despido colectivo.
- Número y clasificación profesional de los trabajadores afectados y de los trabajadores empleados habitualmente en el último año.
- Plazo previsto para la realización de los despidos.
- Criterios tomados en consideración para designar a los trabajadores afectados por los despidos.
- Copia de la comunicación que se dirige a los trabajadores o representantes por la dirección de la empresa.
- Representantes de los trabajadores que formarán parte de la comisión negociadora o indicación de la falta de constitución de la comisión en los plazos legales, en su caso.

De cualquier modo, las partes deberán negociar con buena fe durante el periodo de consultas, con la finalidad de conseguir un acuerdo que requerirá de la mayoría de los miembros de la comisión representativa de los trabajadores o de la mayoría de los representantes legales de los trabajadores.

5. Indemnizaciones en función del tipo de extinción del contrato practicado

En los casos de extinción de contratos de trabajo, los trabajadores tienen derecho, en la mayoría de ocasiones, a una compensación que dependerá del tipo de contrato, circunstancias del trabajador, motivos de la extinción y normativa laboral vigente en el momento del inicio de la relación laboral o de la extinción de esta. Esta contraprestación se denomina indemnización.

En la siguiente tabla se muestran las indemnizaciones que corresponden a los trabajadores según la extinción del tipo de contrato de trabajo:

Causa de extinción	Indemnización correspondiente
Mutuo acuerdo	No procede
Causas consignadas válidamente en el contrato	No procede
Expiración del tiempo convenido	12 días de salario por cada año de servicio
Dimisión del trabajador	No procede
Fallecimiento del trabajador	15 días de salario
Incapacidad permanente y jubilación del trabajador	No procede
Muerte, incapacidad permanente y jubilación del empresario	Un mes de salario
Extinción de la personalidad jurídica del empresario	20 días por año de servicio con un máximo de 12 mensualidades
Fuerza mayor	20 días por año de servicio con un máximo de 12 mensualidades

Continúa en página siguiente >>

<< Viene de página anterior

Causa de extinción	Indemnización correspondiente
Despido colectivo	20 días por año de servicio con un máximo de 12 mensualidades
Voluntad del trabajador por incumplimiento contractual por parte del empresario	- En contratos celebrados antes del 12 de febrero de 2012: 45 días de salario por año por los servicios prestados hasta el 11 de febrero de 2012 (con un máximo de 42 mensualidades), y 33 días de salario por año por los servicios prestados a partir del 12 de febrero de 2012 - En contratos celebrados a partir del 12 de febrero de 2012: 33 días de salario por año de servicio con un máximo de 24 mensualidades
Despido disciplinario	- No procede
Causas objetivas procedentes	20 días por año de servicio, con un máximo de 12 mensualidades
Causas objetivas improcedentes	- En contratos celebrados antes del 12 de febrero de 2012: 45 días de salario por año por los servicios prestados hasta el 11 de febrero de 2012 (con un máximo de 42 mensualidades), y 33 días de salario por año por los servicios prestados a partir del 12 de febrero de 2012 - En contratos celebrados a partir del 12 de febrero de 2012: 33 días de salario por año de servicio con un máximo de 24 mensualidades
Extinción por movilidad geográfica	20 días por año de servicio, con un máximo de 12 mensualidades
Extinción por modificación sustancial de las condiciones de trabajo	20 días por año de servicio, con un máximo de 9 mensualidades

* Este despido se puede calificar también como procedente o improcedente correspondiendo lo mismo que se cita para las causas objetivas.

5.1. Despido disciplinario: forma y efectos

El despido disciplinario se encuentra regulado en los artículos 54, 55 y 60 del Estatuto de los Trabajadores. Se produce cuando se extingue el contrato laboral por decisión del empresario basada en un incumplimiento grave y culpable de las obligaciones del trabajador.

El artículo 54 del Estatuto de los Trabajadores considera incumplimientos contractuales los siguientes:

a. Las faltas repetidas e injustificadas de asistencia o puntualidad al trabajo.
b. La indisciplina o desobediencia en el trabajo.
c. Las ofensas verbales o físicas al empresario o a las personas que trabajan en la empresa o a los familiares que convivan con ellos.
d. La transgresión de la buena fe contractual, así como el abuso de confianza en el desempeño del trabajo.
e. La disminución continuada y voluntaria en el rendimiento de trabajo normal o pactado.
f. La embriaguez habitual o toxicomanía si repercuten negativamente en el trabajo.
g. El acoso por razón de origen racial o étnico, religión o convicciones, discapacidad, edad u orientación sexual, y el acoso sexual o por razón de sexo al empresario o a las personas que trabajan en la empresa.

Forma y efectos del despido disciplinario

Para proceder al despido disciplinario, la empresa deberá notificarlo por escrito al trabajador; escrito en el que deben figurar los hechos que lo motivan y la fecha en la que este tendrá efectos. Por convenio colectivo podrán establecerse otro tipo de exigencias formales para la realización del despido.

El plazo para llevarlo a cabo será el de los sesenta días siguientes a la fecha del conocimiento del incumplimiento del trabajador. Sea como fuere, no pueden pasar seis meses desde la fecha del incumplimiento.

Si el trabajador es representante legal de los trabajadores o delegado sindical, deberá realizarse la apertura de un expediente contradictorio, en el que se oirán, además del interesado, los demás miembros de la representación a la que pertenece el trabajador, si los hubiese.

Si el trabajador está afiliado a un sindicato y el empresario tiene constancia de ello, este deberá dar audiencia previa a los delegados sindicales de la sección sindical correspondiente a su sindicato.

Si el despido se realizase sin observar las circunstancias comentadas arriba (apertura de expediente contradictorio, audiencia previa, etc.), el empresario tiene derecho a realizar un nuevo despido en el que cumpla los requisitos que se han omitido. Este nuevo despido surtirá efectos desde su fecha y solo se podrá efectuar en un plazo máximo de veinte días desde el día siguiente al primer despido.

Si se cumplen los plazos y se realiza un segundo despido, el empresario deberá compensar al trabajador con los salarios devengados en los días intermedios y manteniéndole estos en situación de alta en la Seguridad Social.

El despido disciplinario se podrá calificar como:

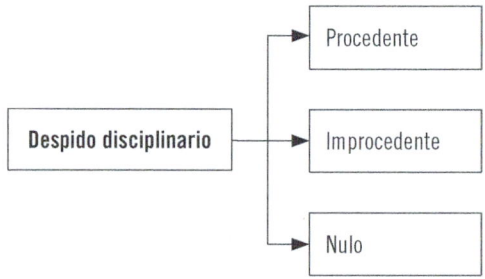

El despido será considerado **procedente** cuando esté acreditado el incumplimiento alegado por el empresario en el escrito de comunicación. Si no se acreditase dicho incumplimiento o no se ajustara en su forma, el despido será considerado **improcedente.**

Por otra parte, el despido se considerará **nulo** cuando concurra alguna de las causas de nulidad de extinción del contrato laboral comentadas en apartados anteriores.

Ante un despido disciplinario, el trabajador, si no está conforme con la decisión del empresario, podrá reclamar en un plazo máximo de veinte días contra dicho despido.

Actividades

8. Indique las principales diferencias entre un despido disciplinario improcedente, procedente y nulo y analice las consecuencias para la empresa y el trabajador.

 Aplicación práctica

La empresa Metales, S. L., ha decidido extinguir la relación laboral de cuatro de sus trabajadores:

| Alicia lleva cinco años trabajando en la empresa y ha sido despedida por fuerza mayor.
| Marcos lleva dos años trabajando y ha sido despedido por causas objetivas procedentes.
| Juan lleva tres años trabajando y ha extinguido su relación laboral por movilidad geográfica.
| Antonio lleva un año trabajando y ha extinguido su relación laboral por mutuo acuerdo.

Indique qué indemnización le corresponderá a cada uno de los trabajadores despedidos por la empresa Metales, S. L., si se tiene en cuenta que todos cobran 12.000 € anuales.

SOLUCIÓN

Por una parte, Alicia ha sido despedida por causas de fuerza mayor y le corresponden 20 días por año de servicio. Percibirá una indemnización de: (20 días x 5 años) x (12.000 / 365) = 3.288 €.

Marcos ha sido despedido por causas objetivas procedentes y le corresponden, por tanto, 20 días por año de servicio. Al llevar dos años trabajando, percibirá una indemnización de (20 días x 2 años) x (12.000 / 365) = 1.315,20 €.

Juan ha extinguido su relación laboral por movilidad geográfica y también le corresponden 20 días por año de servicio. Al llevar tres años trabajando, percibirá una indemnización de (20 días x 3 años) x (12.000 / 365) = 1.972,80 €.

Antonio ha extinguido por mutuo acuerdo su relación laboral con la empresa, por lo que no tendrá derecho a percibir ninguna indemnización.

6. Actuaciones ante la jurisdicción social en los distintos supuestos de sanción, modificación y extinción del contrato

En aquellos casos en los que se extinga o sancione la relación laboral, o se produzca una modificación sustancial del contrato de trabajo del trabajador por decisión unilateral del empresario y no esté de acuerdo con dicha extinción o se reciba una sanción en la que tampoco haya conformidad, el trabajador podrá realizar una serie de actuaciones ante la jurisdicción social:

- Acto de conciliación.
- Demanda ante el Juzgado de lo Social.

Si decidiese demandar ante el Juzgado de lo Social, este deberá emitir sentencia en la que se indique la procedencia, nulidad o improcedencia del despido y, ante esta, tanto trabajador como empresario podrán recurrir la decisión del juzgado interponiendo un recurso. En este sentido, para impugnar una sentencia desfavorable cabe **recurso de suplicación** laboral ante la Sala de lo Social de los Tribunales Superiores de Justicia, que normalmente se encuentra en la capital de cada comunidad autónoma.

6.1. Procedimiento sancionador o disciplinario

Cuando el trabajador incumple lo estipulado en el contrato laboral, la empresa podrá iniciar un procedimiento sancionador o disciplinario. La sanción a aplicar será acorde a la graduación de las faltas y sanciones establecidas en el convenio colectivo aplicable al sector de la empresa en la que desempeña su trabajo el empleado.

El Estatuto de los Trabajadores no define los comportamientos que derivan en una falta o infracción, por lo que se debe acudir a los convenios colectivos para determinar y graduar los comportamientos del trabajador.

Por ejemplo, el convenio de hostelería considera una falta grave faltar dos días al trabajo durante el periodo de treinta días sin autorización o causa justificada, siempre que de estas ausencias no se deriven graves prejuicios en la prestación del servicio.

Las sanciones tampoco están contempladas en el Estatuto de los Trabajadores, pero suelen consistir en amonestaciones, suspensiones de empleo y sueldo o despido, entre otras.

Tal como se indica en el artículo 58 del Estatuto de los Trabajadores:

Los trabajadores podrán ser sancionados por la dirección de las empresas en virtud de incumplimientos laborales, de acuerdo con la graduación de faltas y sanciones que se establezcan en las disposiciones legales o en el convenio colectivo que sea aplicable.

Las faltas podrán calificarse como leves, graves y muy graves, y, en el caso de faltas graves y muy graves, será necesario que la empresa presente una comunicación escrita al trabajador en la que conste la fecha exacta de la comisión de la falta y los hechos que la han ocasionado.

Tal y como se comenta en el párrafo anterior, para que la sanción tenga efecto, la empresa deberá cumplir los siguientes requisitos de forma:

- Por una parte, debe comunicarse por escrito el hecho al trabajador, en los casos de faltas graves y muy graves. En dicho escrito, se indica la fecha o fechas en la que ocurrieron los sucesos y la causa de la sanción.
- En faltas leves no es necesaria la comunicación por escrito, pero es recomendable, ya que es un modo de demostrar la reiteración de este tipo de faltas, en el caso de que las hubiese.
- Las faltas graves deben informarse al comité de empresa y a los delegados sindicales.

Atendiendo al artículo 59 del Estatuto de los Trabajadores, las acciones que deriven del contrato de trabajo y no tengan señalado plazo especial, prescribirán al año de su terminación.

En el caso de ejercicio de acciones contra el despido o resolución de contratos temporales, estas caducarán a los veinte días siguientes de aquel en que se hubiese producido dicho despido o resolución.

Eso sí, el plazo de caducidad queda interrumpido cuando se presenta una solicitud de conciliación ante el órgano público de mediación, arbitraje y conciliación correspondiente.

Las infracciones cometidas por los trabajadores prescribirán en los siguientes plazos a partir del momento en el que la empresa tenga conocimiento de la comisión de la falta:

- Falta leve: 10 días
- Falta grave: 20 días.
- Falta muy grave: 60 días.

Si los sancionados están afiliados a un sindicato, la empresa deberá comunicar dicha sanción a este último.

Eso sí, no se pueden imponer sanciones que hagan referencia a la reducción de las vacaciones u otra minoración de los derechos al descanso del trabajador o multa de haber.

Si el trabajador no estuviese conforme con la sanción, podrá impugnarla ante la jurisdicción laboral en un plazo máximo de 20 días desde la recepción de la comunicación. En este caso, se pondrá fin a este tipo de procedimiento con sentencia en la que:

- Se declare nula la sanción impuesta al trabajador si no se ha notificado por escrito, no se han hecho constar los hechos motivadores o se ha presentado la comunicación fuera de plazo.
- Se revoque la sanción en su conjunto cuando no se acredite debidamente la comisión de los hechos o la responsabilidad de estos al trabajador.
- Se revoque la sanción parcialmente cuando no se haya calificado de forma adecuada la falta.

6.2. Acto de conciliación

El acto de conciliación es un requisito previo a cualquier procedimiento ante el Juzgado de lo Social.

Podrán tramitar un acto de conciliación los siguientes trabajadores disconformes por los siguientes asuntos:

- Movilidad geográfica.
- Modificaciones sustanciales de condiciones de trabajo (por causas económicas, técnicas, organizativas o de producción, o derivadas de fuerza mayor).
- Suspensión del contrato (por causas económicas, técnicas, organizativas o de producción, o derivadas de fuerza mayor).
- Reducción de jornada (por causas económicas, técnicas, organizativas o de producción, o derivadas de fuerza mayor).

Atendiendo al artículo 138 de la Ley 36/2011, de 10 de octubre, reguladora de la jurisdicción social, cuando el trabajador quiera comenzar con los trámites de conciliación, este deberá interponer una demanda de conciliación o mediación. Esta demanda podrá presentarse ante la Unidad de Mediación, Arbitraje y Conciliación.

La demanda se presentará en un plazo máximo de veinte días hábiles desde la fecha de recepción de la notificación por escrito de la decisión de la empresa a los trabajadores o a sus representantes y suspenderá los plazos de caducidad.

Además de la empresa, los representantes de los trabajadores también deberán ser demandados en el caso de traslados, modificaciones o reducciones de carácter colectivo que hayan contado con su conformidad.

Si, una vez iniciado el proceso se plantea una demanda de conflicto colectivo contra la decisión empresarial, el proceso queda suspendido hasta la resolución de la demanda de conflicto colectivo.

Este procedimiento tiene carácter urgente y se le da tramitación preferente, de modo que el acto de la vista debe señalarse dentro de los cinco días siguientes al de la admisión de la demanda.

Asimismo, la sentencia debe dictarse en el plazo de cinco días y es inmediatamente ejecutiva, sin que proceda ulterior recurso salvo en los siguientes supuestos:

- Movilidad geográfica.
- Modificaciones sustanciales de condiciones de trabajo cuando tengan carácter colectivo.
- Suspensiones y reducciones de jornada que afecten a un determinado número de trabajadores.

La sentencia debe declarar justificada o injustificada la decisión empresarial. En el caso de declararse justificada, se reconoce el derecho del trabajador a extinguir el contrato de trabajo. Por el contrario, si se declara injustificada la medida, se reconocerá el derecho del trabajador a ser repuesto en sus anteriores condiciones de trabajo y al abono de los daños y perjuicios causados por la decisión empresarial.

Si el empresario no procede a reintegrar al trabajador en sus anteriores condiciones de trabajo o lo hace de forma irregular, el trabajador tiene derecho a solicitar la ejecución del fallo ante el Juzgado de lo Social y la extinción del contrato.

 Nota

El acuerdo en el acto de conciliación puede impugnarse por cualquiera de las partes y por aquellos que puedan sufrir algún perjuicio por este.

6.3. Demanda ante el Juzgado de lo Social

Tal y como se indica en el artículo 17 de la Ley 36/2011, de 10 de octubre, Reguladora de la Jurisdicción Social:

Los titulares de un derecho subjetivo o un interés legítimo podrán ejercitar acciones ante los órganos jurisdiccionales del orden social, en los términos establecidos en las leyes.

Así, los órganos jurisdiccionales del orden social actuarán principalmente sobre materias laborales y de Seguridad Social, además de actuar sobre aquellas impugnaciones de las actuaciones de las Administraciones públicas realizadas en el ejercicio de sus potestades y funciones sobre las materias comentadas.

En este sentido, el artículo 2 de esta ley muestra una serie de cuestiones litigiosas promovidas de las que deben ser conocedores los órganos jurisdiccionales del orden social:

- Cuestiones litigiosas entre empresarios y trabajadores por el contrato de trabajo y por el contrato de puesta de disposición.
- Cuestiones litigiosas que se promuevan por daños originados en el ámbito de la prestación de servicios o que tengan su causa en accidentes de trabajo o enfermedades profesionales.
- Cuestiones entre las sociedades laborales o las cooperativas de trabajo asociado y sus socios trabajadores.
- Cuestiones de los trabajadores autónomos económicamente dependientes.
- Cuestiones litigiosas promovidas para garantizar el cumplimiento de las obligaciones estipuladas en materia de prevención de riesgos laborales.
- Tutela de los derechos de libertad sindical, huelga y demás derechos fundamentales.
- Procesos de conflictos colectivos.
- Impugnación de convenios colectivos y acuerdos e impugnaciones de laudos arbitrales de naturaleza social.
- Procesos sobre materia electoral.
- Cuestiones sobre constitución y reconocimiento de la personalidad jurídica de los sindicatos, impugnación de sus estatutos y su modificación.
- Régimen jurídico específico de los sindicatos.
- Constitución y reconocimiento de la personalidad jurídica de las asociaciones empresariales.
- Responsabilidad de los sindicatos y de las asociaciones empresariales por infracciones de normas de la rama social del derecho.
- Impugnación de resoluciones administrativas de la autoridad laboral y las recaídas en el ejercicio de la potestad sancionadora en materia laboral y sindical.

- Cuestiones litigiosas promovidas contra las Administraciones públicas, cuando les atribuya responsabilidad la legislación laboral.
- En materia de prestaciones de la Seguridad Social.
- En materia de intermediación laboral, ante conflictos surgidos entre trabajadores y servicios públicos de empleo, agencias de colocación autorizadas y otras entidades colaboradoras de estos.
- En la aplicación de los sistemas de mejoras de la acción protectora de la Seguridad Social.
- Cuestiones litigiosas promovidas entre los asociados y las mutualidades.
- Impugnaciones de actos de las Administraciones públicas, dictadas en el ejercicio de sus potestades y funciones en materia de Seguridad Social.

Así, cuando se produzca alguna de estas cuestiones litigiosas (entre las que se encuentran las discrepancias entre trabajador y empresario por modificación, suspensión y extinción del contrato de trabajo), el trabajador podrá acudir a la jurisdicción social.

Este podrá presentar una demanda individualmente o de modo conjunto, en un solo escrito o en varios y, en este último caso, su admisión a trámite no podrá denegarse salvo que las acciones no sean acumulables por ley.

Cuando la demanda se realice de forma conjunta por más de 10 actores, tendrán que designar un representante común que deberá ser necesariamente abogado, procurador, graduado social colegiado, uno de los demandantes o un sindicato.

Además, cualquiera de los demandantes o de los demandados podrá decidir y expresar su voluntad justificada de comparecer por sí mismo o de elegir un representante propio, distinto del designado de forma conjunta por los demás actores o demandados.

Además de este, los sindicatos de los trabajadores y las asociaciones empresariales están legitimados para la defensa de los intereses económicos y sociales que les son propios. Así, pueden actuar en cualquier proceso en el que estén en juego intereses colectivos de los trabajadores, siempre que haya vinculación entre dicho sindicato y el objeto del pleito del que se trate.

Por otra parte, los sindicatos también pueden actuar en un proceso, en nombre e interés de los trabajadores afiliados que lo autoricen para la defensa de sus derechos. Para ello, en la demanda el sindicato deberá acreditar la condición de afiliado del trabajador y la existencia de una comunicación al afiliado en la que se indique su voluntad de iniciar el proceso.

Es importante tener en cuenta que la autorización de actuación del sindicato se presumirá concedida a menos que el afiliado presente una declaración en contrario. Si este se manifiesta contrario y el sindicato actúa en el proceso, el trabajador puede exigir al sindicato la responsabilidad procedente.

 Nota

Los sindicatos gozan de justicia gratuita cuando ejercitan un interés colectivo en defensa de los trabajadores y beneficiarios de la Seguridad Social.

Además, la Ley 36/2011, de 10 de octubre, Reguladora de la Jurisdicción Social, en sus artículos 80 y 81, establece una serie de requisitos de forma y contenido que debe cumplir la demanda:

- Debe formularse por escrito.
- Debe contener la designación del órgano ante quien se presenta y la expresión de la modalidad procesal a través de la cual se entiende que debe enjuiciarse su pretensión.
- Debe contener también la designación del demandante y de los demás interesados que deben ser llamados al proceso, incluyendo sus datos identificativos y domicilios, entre otros.
- Debe incluir la enumeración clara y concreta de los hechos que motivan la demanda, además de todos aquellos hechos que resulten imprescindibles para resolver las cuestiones planteadas.
- Se incluye la súplica correspondiente, en los términos adecuados al contenido de la demanda.

- Si el demandante litiga por sí mismo, incluirá en la demanda un domicilio en el que se practicarán todas las diligencias que hayan de entenderse con él.
- Por último, se anotará fecha y firma de formulación de la demanda.

La demanda y los documentos que la acompañan debe presentarse con tantas copias como demandados y demás interesados en el proceso haya. Además, se adjuntarán los documentos que justifiquen que se ha intentado realizar una mediación o conciliación previa a la demanda.

Una vez presentada la demanda, el secretario judicial da cuenta al juez de la misma en los tres días siguientes a la recepción y resolverá su admisión a trámite o advertirá a la parte de los defectos u omisiones en la redacción de la demanda.

En el caso de haber defectos u omisiones, la parte demandante dispone de cuatro días para su subsanación y, una vez subsanada, el secretario judicial admitirá la demanda dentro de los tres días siguientes.

Una vez admitida la demanda, en la misma resolución se señala el día y la hora en la que se dan lugar los actos de conciliación y juicio, debiendo transcurrir un plazo mínimo de diez días entre la citación y la celebración de estos.

Acto de conciliación

El acto de conciliación se encuentra regulado en el artículo 84 de la Ley 36/2011, de 10 de octubre, Reguladora de la Jurisdicción Social. En este sentido, el encargado de intentar la conciliación es el secretario judicial, que debe llevar a cabo su labor mediadora y advertir a las partes de los derechos y obligaciones correspondientes.

Además, el secretario judicial también debe aprobar el acuerdo alcanzado por las partes antes del día señalado para los actos de conciliación y juicio. Tanto la conciliación como la resolución aprobatoria deben documentarse en el acta de comparecencia.

Si las partes implicadas en el acto de conciliación no se avienen ante el secretario judicial, se procede a la celebración del juicio. En este caso, la aprobación del acuerdo que pudiesen alcanzar las partes en el momento del juicio pasa a ser competencia del juez o del tribunal correspondiente. Solo intervendrá de nuevo el secretario judicial si se suspende el acto del juicio por cualquier causa.

Celebración del juicio

En el caso de no llegar a un acuerdo en el acto de conciliación, tal y como se ha comentado anteriormente, se procede a juicio y se da cuenta de lo actuado. Eso sí, previamente, se debe resolver de forma motivada sobre las cuestiones previas que se puedan formular en el acto del juicio y cualquier otro recurso o incidencia pendiente de resolución.

En dicho acto, se oirán las partes y se resolverán, motivadamente y en forma oral, las cuestiones que el juez o el tribunal pueda plantear en ese momento sobre su competencia, los presupuestos de la demanda o el alcance y límites de la pretensión formulada.

Seguidamente, el demandante deberá ratificar o ampliar su demanda, aunque, bajo ningún concepto, podrá realizar ninguna variación sustancial.

Por su parte, el demandante deberá afirmar o negar los hechos de la demanda y alegar todas las excepciones que estime procedentes. Así, ambas partes interesadas podrán hacer uso de la palabra todas las veces que el juez o tribunal lo estime necesario.

Una vez prestadas todas las declaraciones, el juez o el tribunal, antes de las conclusiones (salvo oposición de alguna de las partes), podrá indicar la posibilidad de alcanzar un acuerdo. Si no se alcanza dicho acuerdo, en ese momento proseguirá la celebración del juicio.

En los actos de conciliación y juicio, la defensa por abogado y la representación técnica por graduado social colegiado tendrá carácter facultativo. Eso sí, si el demandante quisiese comparecer en el juicio acompañado por un abogado o representado por un graduado social colegiado o por un procurador, deberá hacerlo constar en la demanda.

Asimismo, el demandado debe poner dicha circunstancia en conocimiento del juzgado o tribunal de forma escrita en los dos días siguientes al de su citación para el juicio. Así, se da a la parte demandada la opción de estar también representada por un graduado social colegiado, por un procurador, tener un abogado designado o solicitar un abogado a través del turno de oficio.

En el caso de no cumplirse con los plazos, se considera una renuncia de la parte al derecho de valerse de abogado, procurador o graduado social colegiado en el juicio.

Por ejemplo, ante un caso de despido en el que el trabajador no está conforme, una vez celebrado el acto de conciliación sin que se haya alcanzado un acuerdo o una avenencia, el trabajador deberá presentar una demanda ante el Juzgado de lo Social.

En dicha demanda, deberá aportar el justificante del resultado del acto de conciliación o mediación, en caso de tenerse. Si no se tuviese dicho justificante, el trabajador deberá aportarlo en el plazo de 15 días desde el día siguiente al de la notificación.

La demanda podrá presentarse en un plazo de 20 días hábiles desde la fecha del despido. En este plazo deben incluirse los días que han transcurrido desde la fecha del despido y la fecha de interposición de la demanda de conciliación, además de los días que han pasado entre el día siguiente a la celebración del acto y la fecha de presentación de la demanda en el Juzgado de lo Social. Una vez finalizado el plazo, se producirá la caducidad y el trabajador perderá el derecho de ejercitar alguna acción contra su despido.

Además, en el caso de extinción del contrato por despido, el trabajador podrá presentar ante la jurisdicción social una demanda que deberá contener los siguientes aspectos:

- Antigüedad, categoría profesional, salario, tiempo y forma de pago, lugar de trabajo, modalidad y duración del contrato, jornada, categoría profesional, características particulares del trabajo.
- Fecha de efectividad del despido, forma y hechos alegados por el empresario. Deberá acompañarse de la comunicación escrita recibida por el empleado.
- Indicar si el trabajador es o ha sido en el año anterior al despido representante legal o sindical de los trabajadores, y cualquier otra circunstancia considerada relevante para la declaración de nulidad o improcedencia del despido.
- Indicar si el trabajador está afiliado a algún sindicato.

Cuando se ratifica la demanda en la fase de alegaciones, en la práctica de la prueba y en la fase de conclusiones, el demandado podrá exponer su posición y deberá probar la veracidad de los hechos anotados en la carta de despido como causantes de este.

6.4. Sentencias

Una vez celebrado el juicio, los jueces y tribunales de lo social adoptarán sus decisiones a través de providencias, autos y sentencias en los casos y con las formalidades legalmente previstas.

Por su parte, los secretarios judiciales resolverán a través de diligencias y decreto, también con las formalidades legalmente previstas.

Además, el juez, tribunal o secretario judicial podrá dictar una resolución oral durante la celebración del juicio. En este caso, deberá documentarse en el acta con expresión del fallo y motivación sucinta de aquellas resoluciones.

Atendiendo al artículo 97 de la Ley 36/2011, de 10 de octubre, Reguladora de la Jurisdicción Social, el juez o tribunal debe dictar sentencia en el plazo de 5 días, publicándose de forma inmediata y notificándose a las partes o a sus representantes en un plazo máximo de dos días.

La sentencia deberá cumplir los siguientes requisitos:

- Deberá expresar resumen suficiente de los antecedentes de hechos que hayan sido objeto de debate en el proceso.
- Deberá expresar claramente los hechos que estime probados, haciendo referencia en los fundamentos de derecho a los razonamientos que han llevado al juez o tribunal a esta conclusión.
- Deberá fundamentar suficientemente los pronunciamientos del fallo.

Toda resolución deberá incluir el lugar y fecha en la que ha sido adoptada, además del nombre del juez o tribunal que la ha dictado, la expresión de si esta es firme o no firme y, en su caso, los recursos que procedan, el órgano ante el que deberían interponerse junto con los plazos y requisitos para ellos, además de los depósitos y las consignaciones necesarios y la forma de efectuarlos.

Siguiendo el ejemplo del despido, una vez celebrado el juicio, el juez de lo Social deberá dictar sentencia en un plazo máximo de cinco días.

En esta sentencia, se calificará el despido de alguna de las siguientes formas:

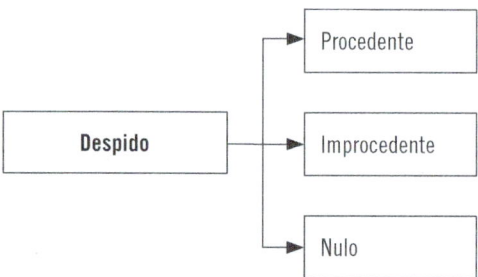

Despido procedente

El juez de lo Social declarará el despido procedente si considera que quedan acreditadas las causas alegadas por el empresario o se dispone de certeza de las causas objetivas que lo motivaron.

Ante el despido procedente, se extinguirá la relación laboral sin derecho a indemnización ni a salarios de tramitación.

En el caso de producirse dicho despido por causas objetivas, el empresario estará obligado a retribuir al empleado con una indemnización correspondiente a veinte días por año de servicio. Eso sí, dicha indemnización no podrá superar las doce mensualidades.

Despido improcedente

El despido será declarado improcedente si no se considera acreditado el motivo que se alega para el despido o si no se cumplen las exigencias formales establecidas.

En estos casos, el juez de lo Social establecerá en la sentencia la readmisión del trabajador, además del abono de los salarios de tramitación y la indemnización correspondiente en el caso de no producirse la readmisión.

Así, ante la sentencia, el empresario, en el plazo de cinco días desde la notificación de esta, podrá elegir entre:

- Readmitir al trabajador abonando los salarios de tramitación correspondientes.
- Retribuir al trabajador con una indemnización de 33 días de salario por año trabajado, con un máximo de 24 mensualidades.

 Definición

Salario de tramitación
Salario que equivale a una cantidad igual a la suma de los salarios dejados de percibir desde la fecha de despido del trabajador hasta la notificación de la sentencia que declarase la improcedencia de este o hasta que el trabajador hubiese encontrado otro empleo (si la colocación es anterior a la fecha de la sentencia).

Si el empresario opta por abonar la indemnización al trabajador, esta determinará la extinción del contrato laboral. Si, pasados cinco días desde la fecha de la sentencia, el empleador no ejercita ninguna opción, se entenderá que este opta por la readmisión del trabajador.

Despido nulo

Se considerará nulo el despido que haya tenido por móvil alguna causa de discriminación prohibida en la Constitución o en la ley. También se considerará nulo cuando se haya producido una violación de los derechos fundamentales y de las libertades públicas del trabajador.

Si el despido se considera nulo, el empresario deberá readmitir de forma inmediata al trabajador en el puesto de trabajo que venía desempeñando. Además, deberá abonarle el salario dejado de percibir desde la fecha del despido hasta la notificación de la sentencia.

Por otro lado, el empleador deberá hacer constar el alta del trabajador en la Seguridad Social con efectos desde la fecha del despido y cotizar por ese periodo.

6.5. Recursos

Como ya se ha ido comentando a lo largo de los apartados anteriores, a modo de resumen, las fases del procedimiento ordinario indicado en la Ley Reguladora de la Jurisdicción Social son las siguientes:

1. El procedimiento ordinario se inicia por medio de demanda escrita, que deberá interponerse utilizando los modelos y formularios facilitados por la oficina judicial.
2. Una vez admitida a trámite la demanda, se señalan sucesivamente los actos de conciliación y juicio, que tienen lugar en una única convocatoria, celebrándose la conciliación ante el secretario judicial y el juicio ante el tribunal correspondiente.
3. En el caso de no alcanzar un acuerdo en la conciliación, se inicia la fase de juicio, donde deben practicarse todas las pruebas propuestas

y admitidas. En este sentido, se admiten las pruebas que se formulen y puedan practicarse en el acto, respecto a los hechos sobre los que no hubiese conformidad, salvo en aquellos casos en los que la materia objeto del proceso esté fuera del poder de disposición de los litigantes. Las pruebas admitidas deben ser útiles y directamente pertinentes a lo que sea el objeto del juicio y a las alegaciones o motivos de oposición previamente formulados por las partes en el trámite de ratificación o de contestación de la demanda.

4. La sentencia debe dictarse en un plazo máximo de 5 días.

Ante la sentencia del juez de lo Social, tanto empresario como trabajador podrán recurrir contra esta ante la Sala de lo Social del Tribunal Superior de Justicia, en un plazo de cinco días desde la notificación de la sentencia.

En el caso del ejemplo del despido, si la sentencia que resuelva el recurso interpuesto por el trabajador estipulase elevar la cuantía de la indemnización, el empresario podrá cambiar el sentido de su opción y readmitir al trabajador en un plazo de 5 días desde su notificación.

Dicha readmisión provocará la retrocesión de sus efectos económicos a la fecha en la que tuvo lugar la primera elección y deberán deducirse las cantidades que por dicho concepto haya percibido el trabajador, por la prestación por desempleo que hubiese podido percibir.

Dependiendo de cada caso, pueden interponerse los siguientes recursos:

- **Recurso de reposición:** se interpone contra las diligencias de ordenación y decretos no definitivos. Se interpone ante el secretario judicial que dictó la resolución recurrida.
- **Recurso de queja:** los recursos de queja que conozcan las Salas de lo Social de los Tribunales Superiores de Justicia o la Sala de lo Social del Tribunal Supremo, según el caso, deben tramitarse conforme lo dispuesto en la Ley de Enjuiciamiento Civil.
- **Recurso de suplicación:** se interpone ante las Salas de lo Social de los Tribunales Superiores de Justicia contra las resoluciones dictadas por los Juzgados de lo Social de su circunscripción, así como contra los

autos y sentencias que puedan dictar los jueces de lo Mercantil que se encuentren en su circunscripción y que afecten al derecho laboral.

■ **Recurso de casación:** se interpone ante la Sala de lo Social del Tribunal Supremo contra las sentencias y otras resoluciones dictadas en única instancia por las Salas de lo Social de los Tribunales Superiores de Justicia y por la Sala de lo Social de la Audiencia Nacional.

7. Resumen

En la actualidad, el contrato de trabajo supone el consentimiento de las cláusulas por parte del trabajador y del empleador, lo que implica que debe ser cumplido en todos los términos en los que fue pactado.

No obstante, pueden darse determinadas circunstancias por las que dicho contrato pueda ser modificado, entre las cuales se encuentran la movilidad funcional del trabajador (cambio de puesto de trabajo en relación a las tareas que este debe desempeñar), movilidad geográfica (por traslado individual, colectivo o voluntario) o modificaciones sustanciales de las condiciones de trabajo (por temas de competitividad, productividad, organización técnica u organización del trabajo en la empresa).

Además de estar sujeto a modificaciones, el contrato de trabajo también puede suspenderse o extinguirse. El Real Decreto Legislativo 2/2015 dedica una sección entera a abordar la suspensión del contrato y la define como la interrupción temporal de la prestación laboral, sin que se haya producido una ruptura del vínculo contractual entre empresario y empleado. La suspensión puede darse por gran variedad de supuestos, desde el mutuo acuerdo entre las partes, la excedencia forzosa, la incapacidad temporal o la fuerza mayor temporal, entre otras causas.

Por otra parte, el contrato laboral puede extinguirse, entendiendo como tal la finalización de la relación laboral entre empleado y empresa contratante. Las causas de la extinción del contrato de trabajo pueden ser también de lo más variadas: causas consignadas válidamente en el contrato, dimisión del trabajador, gran invalidez del trabajador o del empleador, despido, etc.

No obstante, atendiendo a la causa de extinción del contrato laboral se deberá acudir al Estatuto de los Trabajadores para determinar la indemnización (también llamada finiquito) que debe recibir el trabajador, en el caso que procediese.

En el caso de disconformidad con los motivos de la extinción del contrato, el trabajador puede proponer un acto de conciliación que, si finaliza sin acuerdo, puede terminar con una demanda ante el Juzgado de lo Social y con la decisión sobre la procedencia de la debida o indebida extinción en mano del juez.

Ejercicios de repaso y autoevaluación

1. Complete el siguiente esquema mencionando los tres tipos de modificaciones que pueden darse en las condiciones estipuladas en el contrato de trabajo:

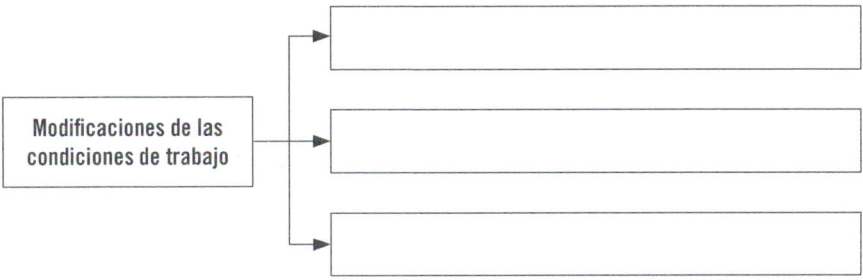

2. Complete la siguiente oración:

La movilidad _____ en la empresa se efectuará de acuerdo a las titulaciones académicas o profesionales precisas para ejercer la prestación _____ y con respeto a la dignidad del _____.

3. Indique cuáles de los siguientes preceptos se corresponde con un tipo de traslado:

   a. Traslado individual.
   b. Traslado voluntario.
   c. Traslado colectivo de trabajadores.
   d. Todas las opciones son correctas.

4. Complete el siguiente esquema con los distintos motivos para la movilidad geográfica de los trabajadores:

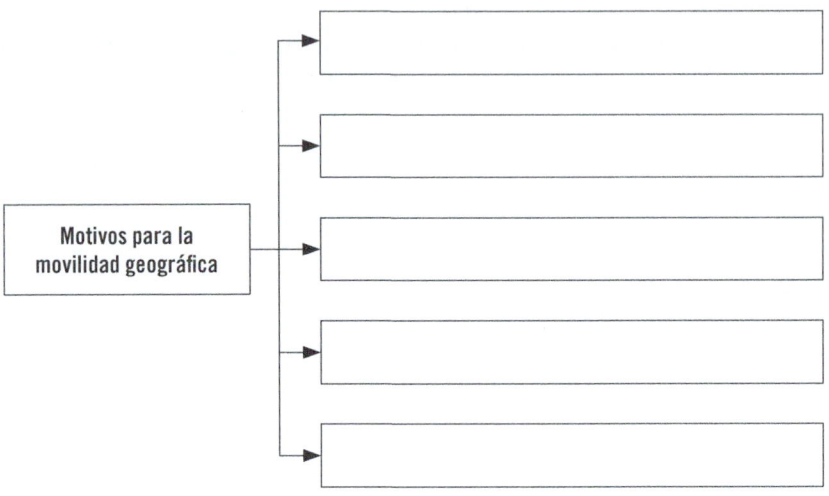

5. Complete la siguiente oración:

El traslado _____ se produce cuando solo se lleva a cabo el desplazamiento con cambio de _____ a un trabajador. Para ello, el empresario debe notificar dicho traslado, como mínimo, _____ días antes de la fecha efectiva del _____; lo notificará al trabajador y a sus representantes legales.

6. Indique qué acciones puede llevar a cabo un trabajador que ha recibido una notificación sobre la modificación sustancial de sus condiciones de trabajo.

_____
_____
_____
_____
_____
_____
_____

7. **Indique cuáles de las siguientes opciones hacen referencia a una causa de suspensión del contrato de trabajo:**

      a. Cierre legal de la empresa.
      b. Despido disciplinario.
      c. Nacimiento de menor.

8. **Complete la siguiente oración:**

La incapacidad _____ es aquella situación del trabajador en la que se encuentra impedido para desempeñar su trabajo de forma temporal. Durante este periodo, el trabajador recibe asistencia sanitaria por parte de la _____ _____.

9. **Complete el siguiente gráfico mencionando los distintos tipos de excedencias:**

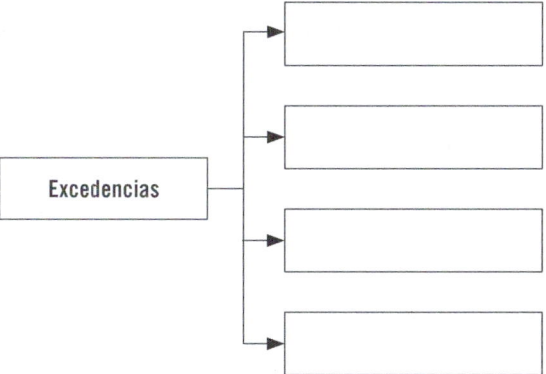

10. **Complete la siguiente tabla indicando la indemnización que corresponde según la causa de extinción del contrato de trabajo:**

Causa de la extinción	Indemnización por año de servicio
Causas objetivas improcedentes	
Despido disciplinario	
Muerte del empresario	
Dimisión del trabajador	
Expiración del tiempo convenido	

Capítulo 4

Mantenimiento, control y actualización del fichero de personal

Contenido

1. Introducción
2. La información al empleado
3. El expediente del trabajador
4. Las comunicaciones en la gestión administrativa del personal
5. Procedimientos de seguridad y control de asistencia
6. Resumen

1. Introducción

Los ficheros vienen definidos como un conjunto organizado de datos e información, sea cual sea su forma de creación, almacenamiento y acceso. Así, dentro del concepto de fichero se encuentra todo aquel conjunto de información sobre el personal de una empresa que esta almacena para una adecuada gestión de los recursos humanos y un control de los mismos.

Eso sí, se debe tener en cuenta que los datos de los trabajadores, en su mayor parte, son datos de carácter personal y que, por tanto, deben ser recogidos, almacenados y organizados atendiendo a los principios de información, calidad, finalidad, consentimiento y seguridad, tal y como se indica en la Ley Orgánica de Protección de Datos de Carácter Personal y Garantía de los Derechos Digitales.

En otras palabras, si una empresa almacena datos personales de sus trabajadores, esta será la responsable del fichero y la que deberá encargarse de mantenerlo en unas adecuadas condiciones de seguridad.

En este capítulo se describe toda la información que la empresa debe recabar sobre sus empleados para tener un control adecuado de los mismos, además de los procedimientos de seguridad legalmente aceptables para garantizar que el fichero con la información no cae en usuarios no autorizados.

2. La información al empleado

Actualmente, existen dos tipos de comunicación claramente diferenciados: interna y externa.

La **comunicación externa** es aquella que tiene la empresa con cualquier elemento ajeno a ella como, por ejemplo, los clientes, proveedores, medios de comunicación, etc.

Sin embargo, la **comunicación interna** es aquella que trata de conectar todos los miembros de una organización; la información fluye entre departamentos, empleados, etc., para optimizar sus procesos y obtener una visión global de su funcionamiento y actividad.

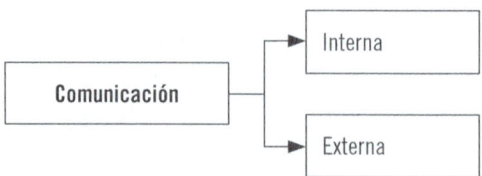

Para que cualquier empresa tenga éxito es fundamental que los trabajadores conozcan los objetivos básicos de la organización y los objetivos específicos directamente relacionados con ellos para fomentar su integración e implicación con la visión y misión de esta.

Son formas adecuadas de establecer una comunicación interna óptima con los empleados las siguientes:

- A través de entrevistas y reuniones de grupo.
- Mediante publicaciones internas como, por ejemplo, boletines o revistas dirigidas a los miembros de la empresa.
- Utilizando comunicaciones internas, sobre todo cuando los altos cargos quieren comunicar información especialmente relevante a sus empleados.
- A través de la intranet de la organización, correos electrónicos, tablones de anuncios virtuales y demás canales de comunicación electrónicos.
- Realizando encuestas a los trabajadores para conocer su opinión, su grado de satisfacción con su puesto de trabajo y dar la oportunidad de manifestar aspectos en los que están en desacuerdo.
- Enviando correos electrónicos institucionales.

 Actividades

1. Ponga ejemplos de comunicaciones internas y externas de una empresa.

2.1. Obligaciones del trabajador en la comunicación de variaciones de datos

En la actualidad, la comunicación interna dentro de cualquier organización no debe ser vista simplemente como una vía de comunicación del empresario al trabajador, todo lo contrario.

La comunicación interna de las empresas debe entenderse como un canal de comunicación bidireccional en el que, efectivamente, el empresario debe informar al trabajador de todos los aspectos relevantes relativos al vínculo laboral y, además, el trabajador debe comunicar a la empresa cualquier información de interés que pueda influir en su relación laboral.

Es más, es obligación del trabajador comunicar a la empresa todas las variaciones de sus datos que puedan ser relevantes para la confección de sus nóminas y para el cálculo de la retención por IRPF que debe practicársele.

Para ello, la empresa debe definir una normativa de carácter interno para garantizar que cualquier modificación de datos sea comunicada debidamente a todos los implicados e interesados.

De este modo, la empresa debe estipular un plazo máximo de comunicación de esta información a los implicados y el procedimiento a seguir para ello (especialmente en las altas, bajas y variaciones de datos del trabajador). Dicha comunicación deberá hacerse por escrito a través de una circular mediante la cual se informe sobre dichas variaciones y los motivos que la justifiquen.

La circular podrá entregarse a los interesados en formato papel o en formato electrónico, aunque en ocasiones, si la normativa lo requiere (como, por ejemplo, variaciones de contratos laborales), será necesario entregar el documento en el que se informe de la variación de datos en formato papel para que el trabajador pueda firmar una copia y remitirla nuevamente a la organización, de modo que se garantiza que el implicado está debidamente informado de la situación.

Esta normativa interna a seguir para la comunicación de la información de altas, bajas y variaciones de datos debe estar por escrito en un manual de actuación que debe distribuirse a todos los empleados de la organización.

Así se garantiza una homogeneidad en las actuaciones de comunicación de información en todos los niveles de la empresa.

Dicho manual incluirá un protocolo en el que se especifique, como mínimo, lo siguiente:

- Responsable de la comunicación de cada tipo de información.
- Modo de comunicación empleado (soporte físico, electrónico, etc.).
- Plazo para la comunicación de la información.
- Destinatarios de cada tipo de información.

Variaciones de datos a efectos de Seguridad Social

Cuando se produce un alta, baja o cualquier variación de datos de un trabajador, la empresa debe comunicar estas situaciones de forma obligatoria a la Seguridad Social.

Así, se informa a esta sobre el inicio de la actividad laboral del empleado, el cese en dicha actividad o las modificaciones de sus datos identificativos y laborales.

El empresario está obligado a solicitar el alta y la baja de un trabajador y a comunicar las variaciones de datos identificativos y laborales de todos sus empleados, cumplimentando el Modelo oficial TA.7. No obstante, si hay mutuo acuerdo, el trabajador puede asumir esta obligación, siempre que su actividad laboral no supere las 60 h mensuales por empleador.

Además, en caso de incumplimiento del empresario de sus obligaciones de comunicación a la Seguridad Social, los trabajadores por cuenta ajena tienen la posibilidad de instar directamente a la Tesorería General de la Seguridad Social su alta, baja o la variación de alguno de sus datos, según proceda.

Eso sí, la obligación de comunicar a la Seguridad Social la variación de los datos del trabajador por parte de la empresa obliga directamente al trabajador a comunicar cualquier cambio de datos que afecte a su situación laboral a la empresa para la que presta sus servicios.

Si se ha producido alguna alta, baja o variación de datos y no ha sido debidamente comunicado a la Seguridad Social, la Tesorería General de la Seguridad Social podrá actuar de oficio a través de su Dirección Provincial y de la Administración de la provincia.

 Actividades

2. Averigüe las consecuencias de no comunicar en plazo las variaciones de datos del trabajador, tanto para la empresa como para el trabajador.

Variaciones de datos a efectos de IRPF

Como ya se ha comentado anteriormente, el trabajador está obligado a informar a la empresa cualquier variación de su situación familiar para que esta pueda tenerlo en cuenta en el cálculo de su retención por IRPF en su nómina.

Algunos ejemplos de variación de datos relativos a la situación familiar del trabajador son los siguientes:

- Cuando se produce el nacimiento, acogimiento o adopción de hijos.
- Cuando el trabajador pase a tener a cargo ascendientes.
- Cuando se produzca algún cambio en la situación de minusvalía del trabajador o de alguno de sus descendientes.
- Cuando previamente se informa a la empresa de que el cónyuge no percibe unos ingresos de más de 1.500 € anuales y, finalmente, a lo largo del año fiscal se supera dicho límite.
- Cuando algún descendiente menor de 25 años que convivía con el trabajador pasa a obtener unos ingresos superiores a 8.000 € en el año fiscal.
- Cuando se pierde la custodia de un hijo.

Para realizar la comunicación de datos a la empresa o la variación de datos previamente comunicados se emplea el Modelo 145, facilitado por la Agencia Tributaria.

Impuesto sobre la Renta de las Personas Físicas. Retenciones sobre rendimientos del trabajo
Comunicación de datos al pagador (artículo 88 del Reglamento del IRPF)

Modelo **145**

Si prefiere no comunicar a la empresa o entidad pagadora alguno de los datos a que se refiere este modelo, la retención que se le practique podría resultar superior a la procedente. En tal caso, podrá recuperar la diferencia, si procede, al presentar su declaración del IRPF correspondiente al ejercicio de que se trate.

Atención: la inclusión de datos falsos, incompletos o inexactos en esta comunicación, así como la falta de comunicación de variaciones en los mismos que, de haber sido conocidas por el pagador, hubieran determinado una retención superior, constituye infracción tributaria sancionable con multa del 35 al 150 por 100 de las cantidades que se hubieran dejado de retener por esta causa. (Artículo 205 de la Ley 58/2003, de 17 de diciembre, General Tributaria).

1.- Datos del perceptor que efectúa la comunicación

NIF   Apellidos y Nombre   Año de nacimiento

Situación familiar:
- Soltero/a, viudo/a, divorciado/a o separado/a legalmente con hijos solteros menores de 18 años o incapacitados judicialmente y sometidos a patria potestad prorrogada o rehabilitada que conviven exclusivamente con Vd., sin convivir también con el otro progenitor, siempre que proceda consignar al menos un hijo o descendiente en el apartado 2 de este documento **1**
- Casado/a y no separado/a legalmente cuyo cónyuge no obtiene rentas superiores a 1.500 euros anuales, excluidas las exentas **2**

  NIF del cónyuge (si ha marcado la casilla 2, deberá consignar en esta casilla el NIF de su cónyuge) ...
- Situación familiar distinta de las dos anteriores (solteros sin hijos, casados cuyo cónyuge obtiene rentas superiores a 1.500 euros anuales, ... etc.) **3**
  (Marque también esta casilla si no desea manifestar su situación familiar).

Discapacidad (grado de minusvalía reconocido)   Igual o superior al 33% e inferior al 65% ...   Igual o superior al 65% ...   Además, tengo acreditada la necesidad de ayuda de terceras personas o movilidad reducida ... ...

Movilidad geográfica: Si anteriormente estaba Vd. en situación de desempleo e inscrito en la oficina de empleo y la aceptación del puesto de trabajo actual ha exigido el traslado de su residencia habitual a un nuevo municipio, indique la fecha de dicho traslado ... ...

Obtención de rendimientos con periodo de generación superior a 2 años durante los 5 periodos impositivos anteriores:
Marque esta casilla si, en el plazo comprendido en los 5 periodos impositivos anteriores al ejercicio al que corresponde la presente comunicación, ha percibido rendimientos del trabajo con periodo de generación superior a 2 años, a los que, a efectos del cálculo del tipo de retención le haya sido aplicada la reducción por irregularidad contemplada en el artículo 18.2 de la Ley del Impuesto y, sin embargo, posteriormente usted no haya aplicado en su correspondiente autoliquidación del Impuesto sobre la Renta ...

2.- Hijos y otros descendientes menores de 25 años, o mayores de dicha edad si son discapacitados, que conviven con el perceptor

Datos de los hijos o descendientes menores de 25 años (o mayores de dicha edad si son discapacitados) que conviven con Vd. y que no tienen rentas anuales superiores a 8.000 euros.

		Hijos o descendientes con discapacidad (grado de minusvalía reconocido)			Cómputo por entero de hijos o descendientes
		Si alguno de los hijos o descendientes tiene reconocido un grado de minusvalía igual o superior al 33 por 100, marque con una "X" la/s casilla/s que corresponda/n a su situación.			En caso de hijos que convivan únicamente con Vd., sin convivir también con el otro progenitor (padre o madre), o de nietos que convivan únicamente con Vd., sin convivir también con ningún otro de sus abuelos, indíquelo marcando con una "X" esta casilla.
Año de nacimiento	Año de adopción o acogimiento(1)	Grado igual o superior al 33% e inferior al 65%	Grado igual o superior al 65%	Además, tiene acreditada la necesidad de ayuda de terceras personas o movilidad reducida	Atención: Si tiene más de cuatro hijos o descendientes, adjunte otro ejemplar con los datos del quinto y sucesivos.

(1) Solamente en el caso de hijos adoptados o de menores acogidos. Tratándose de hijos adoptados que previamente hubieran estado acogidos, indique únicamente el año del acogimiento.

3.- Ascendientes mayores de 65 años, o menores de dicha edad si son discapacitados, que conviven con el perceptor

Datos de los ascendientes mayores de 65 años (o menores de dicha edad si son discapacitados) que conviven con Vd. durante, al menos, la mitad del año y que no tienen rentas anuales superiores a 8.000 euros

	Ascendientes con discapacidad (grado de minusvalía reconocido)			Convivencia con otros descendientes
	Si alguno de los ascendientes tiene reconocido un grado de minusvalía igual o superior al 33 por 100, marque con una "X" la/s casilla/s que corresponda/n a su situación.			Si alguno de los ascendientes convive también, al menos durante la mitad del año, con otros descendientes del mismo grado que Vd., indique en esta casilla el número total de descendientes con los que convive, incluido Vd. (si los ascendientes sólo conviven con Vd. no rellene esta casilla)
Año de nacimiento	Grado igual o superior al 33% e inferior al 65%	Grado igual o superior al 65%	Además, tiene acreditada la necesidad de ayuda de terceras personas o movilidad reducida	

4.- Pensiones compensatorias en favor del cónyuge y anualidades por alimentos en favor de los hijos, fijadas ambas por decisión judicial

Pensión compensatoria en favor del cónyuge. Importe anual que está Vd. obligado a satisfacer por resolución judicial ... ...

Anualidades por alimentos en favor de los hijos. Importe anual que está Vd. obligado a satisfacer por resolución judicial ... ...

5.- Pagos por la adquisición o rehabilitación de la vivienda habitual utilizando financiación ajena, con derecho a deducción en el IRPF

Importante: sólo podrán cumplimentar este apartado los contribuyentes que hayan adquirido su vivienda habitual, o hayan satisfecho cantidades por obras de rehabilitación de la misma, antes del 1 de enero de 2013.

Si está Vd. efectuando pagos por préstamos destinados a la adquisición o rehabilitación de su vivienda habitual por los que vaya a tener derecho a deducción por inversión en vivienda habitual en el IRPF y la cuantía total de sus retribuciones íntegras en concepto de rendimientos del trabajo procedentes de todos sus pagadores es inferior a 33.007,20 euros anuales, marque con una "X" esta casilla ...

6.- Fecha y firma de la comunicación	**7.- Acuse de recibo**
Manifiesto ser contribuyente del IRPF y declaro que son ciertos los datos arriba indicados, presentando ante la empresa o entidad pagadora la presente comunicación de mi situación personal y familiar, o de su variación, a los efectos previstos en el artículo 88 del Reglamento del IRPF.	El Instituto Nacional de la Seguridad Social acusa recibo de la presente comunicación y documentación.
En _____ a _____ de _____ de _____.	En _____ a _____ de _____ de _____
Firma del perceptor:	Firma autorizada y sello de la empresa o entidad pagadora:
Fdo.: D/Dª. _____	Fdo.: D/Dª. _____

De conformidad con lo dispuesto en el artículo 5 de la Ley Orgánica 15/1999, de 13 de diciembre, de Protección de Datos de Carácter Personal, el perceptor tendrá derecho a ser informado previamente de la existencia de un fichero o tratamiento de datos de carácter personal, de la finalidad de la recogida de éstos y de los destinatarios de la información, de la identidad y dirección del responsable del tratamiento o, en su caso, de su representante, así como de la posibilidad de ejercitar sus derechos de acceso, rectificación o cancelación de los mismos.

Modelo 145

No se trata de un procedimiento de la Agencia Tributaria, por lo que no es necesaria su presentación ni tramitación por parte del trabajador ante la Administración Tributaria. No obstante, el trabajador sí debe facilitar dicho modelo cumplimentado a la empresa y esta debe conservar una copia a disposición de la Administración Tributaria.

 Actividades

3. Investigue sobre las posibles consecuencias para la empresa y para el empleado el hecho de no comunicar una variación de datos de este último.
4. ¿Para qué sirve mantener los datos fiscales de un empleado actualizados? Justifique su respuesta.

 Aplicación práctica

María está trabajando en la empresa Mármoles, S. A., y su padre, Juan, acaba de mudarse a su vivienda, pasando a estar a cargo de ella. Juan tiene 67 años, va a convivir más de la mitad del año con María y tiene una renta anual de 5.000 €. ¿Debe María comunicar esta situación a su empresa? Además, acaba de trasladar su domicilio a otra provincia, ¿cómo deberá comunicarse esta variación de datos identificativos?

SOLUCIÓN

Por una parte, ha cambiado la situación familiar de María, al pasar a tener un ascendiente a cargo. Por ello, María deberá informar a su empresa para que esta pueda tenerlo en cuenta en el cálculo de su retención por IRPF en su nómina. Para realizar dicha comunicación de datos, se utiliza el Modelo 145 de la Agencia Tributaria.

Por otra parte, al cambiar su domicilio a otra provincia, María también deberá comunicar la nueva dirección a la empresa para que esta, a su vez, pueda comunicarlo a la Seguridad Social con el Modelo TA.2/S.

2.2. Normas internas de control de presencia

Generalmente, el trabajador está obligado a desempeñar sus servicios laborales en las instalaciones de la empresa que lo tiene contratado. Así, esta puede ejercer un control de su presencia en la misma y garantizar el cumplimiento del horario laboral, respetando en todo momento los límites establecidos en la legislación.

Para ello, la empresa debe informar a los empleados, en la forma más adecuada, de la normativa interna relacionada con el control de presencia, siendo formas adecuadas la inclusión en el contrato laboral de dichas normas, la emisión de circulares a trabajadores o la comunicación electrónica a los empleados de dicha normativa.

En este sentido, el artículo 20 del Estatuto de los Trabajadores, en sus puntos 3 y 4, indica lo siguiente:

> *3. El empresario podrá adoptar las medidas que estime más oportunas de vigilancia y control para verificar el cumplimiento por el trabajador de sus obligaciones y deberes laborales, guardando en su adopción y aplicación la consideración debida a su dignidad humana y teniendo en cuenta la capacidad real de los trabajadores disminuidos, en su caso.*
>
> *4. El empresario podrá verificar el estado de enfermedad o accidente del trabajador que sea alegado por este para justificar sus faltas de asistencia al trabajo, mediante reconocimiento a cargo de personal médico.*
>
> *La negativa del trabajador a dichos reconocimientos podrá determinar la suspensión de los derechos económicos que pudieran existir a cargo del empresario por dichas situaciones.*

En otras palabras, la empresa puede tomar las medidas que considere oportunas para vigilar y controlar el cumplimiento por parte del trabajador de sus obligaciones y deberes de su relación laboral.

Así, si uno de los deberes del trabajador es el respeto por el horario laboral definido en su contrato de trabajo, la empresa podrá tomar las medidas oportunas para controlar su presencia, siendo una de ellas el establecimiento de normas internas de control de presencia.

En estas normas se puede regular cualquier aspecto relacionado con la presencia del trabajador en las instalaciones de la organización como, por ejemplo, las siguientes:

- Jornada laboral.
- Flexibilidad horaria.
- Sistemas de recuperación de tiempos de ausencia del trabajador.
- Sistemas establecidos para el control de presencia y ausencia del trabajador.
- Sanciones que pueden derivarse del incumplimiento de la normativa por parte del trabajador.

Sea como fuere, los sistemas establecidos para el control de presencia del trabajador deben ser lo más fiables posible, por lo que es necesario que se sometan a un proceso de mantenimiento y actualización periódicos.

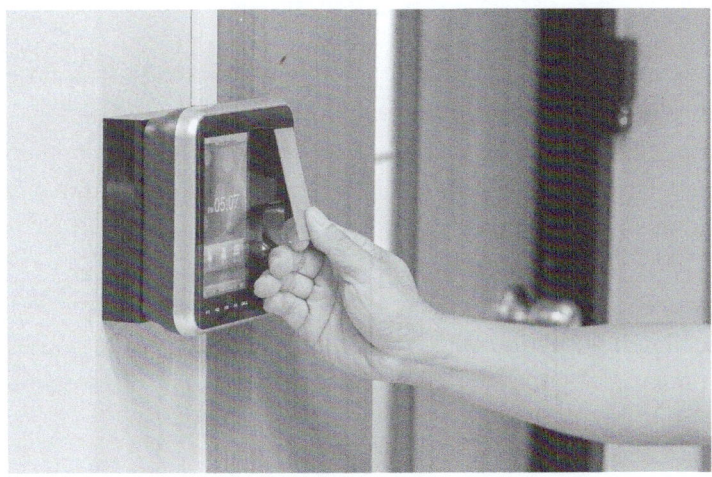

Sistema de control de presencia

Para ello, es imprescindible aplicar una serie de procedimientos de seguridad y control de asistencia, atendiendo a las normas establecidas por la organización y en cumplimiento de la normativa laboral vigente.

Por ello, para controlar la asistencia laboral se requiere de un control de accesos del trabajador (como el sistema de control de presencia o sistemas de videovigilancia) en el que se registren, entre otros, los siguientes aspectos:

- Las entradas y salidas de los trabajadores.
- Los permisos que dispongan los trabajadores (por mudanza, por asistencia a exámenes, por disponer de horas sindicales, etc.).
- Los periodos de vacaciones.
- Los festivos disfrutados y trabajados.
- Las horas extra trabajadas.
- Cualquier situación de baja por incapacidad.

Además, en relación a las normas internas de control de presencia, el Estatuto de los Trabajadores establece que las faltas repetidas e injustificadas de asistencia o puntualidad al trabajo se consideran incumplimientos contractuales y pueden llegar a ser causa de extinción del contrato de trabajo por decisión del empresario.

Para informar a los trabajadores sobre las normas internas de control de presencia, la empresa puede, por ejemplo, emitir una carta circular en la que consten explícitamente la normativa de asistencia, los procedimientos de control de esta y las consecuencias de las posibles faltas de los trabajadores ante el no cumplimiento de dichas normas.

Esta circular puede utilizarse para recordar normas vinculadas a la asistencia, puntualidad, acceso y salida de las instalaciones de la empresa, etc., y deberá entregarse a todos los trabajadores afectados por dicha normativa.

Actividades

5. Proponga varias medidas de control de presencia del personal de una empresa de fabricación de metales.
6. Comente las principales referencias que hace el Estatuto de los Trabajadores en relación al control de presencia de los trabajadores de una organización.
7. ¿Podrían ser las faltas de presencia en el puesto de trabajo de un empleado motivo de despido? Justifique su respuesta.

3. El expediente del trabajador

Desde que se inicia el proceso de selección hasta el cese de la prestación de servicios por parte de un trabajador hacia una empresa, se generan una serie de documentos internos que contienen información importante del trabajador y cualquier aspecto remarcable a lo largo de la relación laboral.

Un documento de gran utilidad, tanto para PYMES como para grandes empresas e, incluso, multinacionales, es el **expediente del trabajador.**

Este expediente contiene todos los datos significativos del trabajador en cuanto a su formación, tareas que desempeña, trabajos realizados en la empresa, habilidades y destreza, experiencia previa, etc.

Con carácter general, esta información se recopila al inicio de la relación laboral (incluso en el momento de firmar el contrato), pero siempre hay ciertos datos (como nuevas titulaciones adquiridas, por ejemplo) que deben actualizarse cada cierto tiempo para tener la información correcta y precisa del trabajador.

Así, el expediente del trabajador puede incluir la siguiente información:

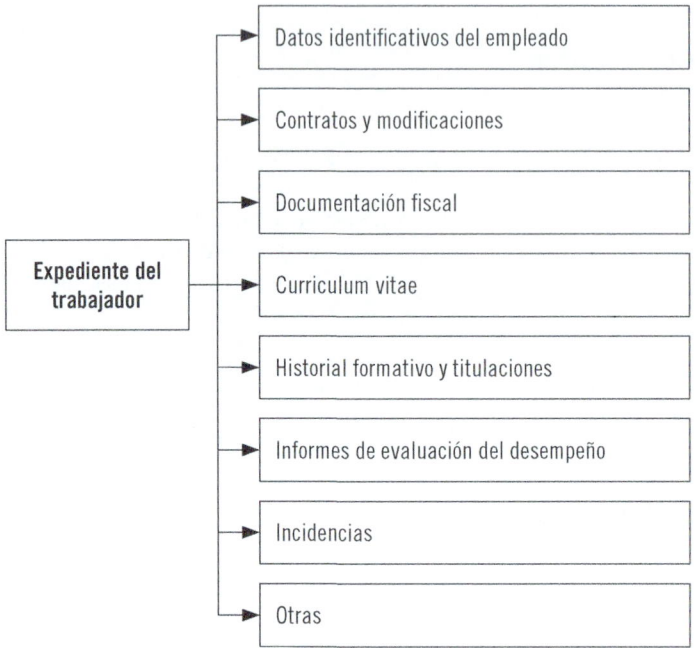

Los documentos que forman parte del expediente suelen ordenarse cronológicamente para que se refleje de forma adecuada todo su historial laboral.

El expediente se almacena en una carpeta que contiene todos los documentos comentados, junto con una ficha-resumen en la que se anotan todos los documentos que forman parte del expediente del trabajador.

La carpeta puede ser física o, incluso, virtual (base de datos de la empresa sobre los datos de los empleados).

En el expediente del trabajador debe almacenarse toda la información del empleado (que se describirá en los siguientes apartados), aplicando la normativa laboral vigente (especialmente el convenio colectivo al que se acoge la empresa y el Estatuto de los Trabajadores, entre otros) y atendiendo al procedimiento interno que tenga planteado la organización.

Toda empresa debe establecer un procedimiento interno para la comunicación, en tiempo y forma, de cualquier variación de datos del trabajador a todos los afectados, debiendo modificarse y registrarse posteriormente en el expediente del trabajador.

Generalmente, cualquier variación de datos que afecte a la relación laboral del trabajador con la empresa debe ser comunicada al trabajador de forma presencial (que el responsable de personal se lo comunique en persona), a través de una circular en papel o a través de una circular electrónica (un correo electrónico, por ejemplo).

El responsable de la información del trabajador deberá registrar de manera adecuada en su expediente dicha modificación para que la información esté completamente actualizada y cumpla con la normativa legal. Además, el mismo trabajador debe poder tener acceso a su expediente para que sepa, en todo momento, las peculiaridades de su relación laboral con la empresa.

3.1. Datos identificativos del empleado

Los datos identificativos del empleado que se incluyen en su expediente, se dividen en dos tipologías:

- Datos personales.
- Datos relativos al contrato y a la Seguridad Social.

En relación a los datos personales del trabajador, se incluirán en su expediente los siguientes:

- DNI, nombre, apellidos, dirección, teléfono, correo electrónico y número de afiliación a la Seguridad Social.
- Datos sobre su sistema retributivo: modo de pago de la nómina, código Internacional de Cuenta Bancaria (IBAN), conceptos salariales relevantes.
- Datos sobre su situación familiar a efectos de retención por IRPF (soltero, casado, descendientes, ascendientes a cargo, etc.).

En cuanto a los datos del trabajador relativos al contrato y a la Seguridad Social, el expediente del trabajador incluirá:

- Titulación o titulaciones obtenidas.
- Tipo de contrato establecido con la empresa.
- Antigüedad.
- Fecha de alta en la empresa.
- Prórrogas de los contratos.
- Registro histórico de sus contratos.
- Grupo de cotización del trabajador.
- Forma de cobro (mensual o diaria).
- Tarifa de accidentes de trabajo y enfermedad profesional (AT y EP).
- Convenio colectivo al que está sujeto.
- Bonificaciones que percibe el trabajador.

3.2. Contratos y modificaciones

Además de estar incluidos en los datos identificativos del trabajador, el expediente de este debe contener un apartado especial en el que consten todos los contratos, prórrogas y modificaciones de estos, que haya tenido con la empresa a lo largo de su relación laboral.

La información esencial sobre contratos y modificaciones que debe contener el expediente del trabajador es la que se refiere a:

- Fecha de inicio de prestación de servicios por parte del trabajador a la empresa.
- Centro de trabajo en el que el empleado presta sus servicios. Si se produce un traslado de centro de trabajo, el expediente contendrá información sobre los periodos de tiempo en los que el trabajador ha desempeñado sus tareas en cada uno de ellos.
- Categoría profesional del trabajador y ascensos y cambios de categoría o de grupo profesional que se puedan producir con posterioridad al alta del trabajador.

- Puesto de trabajo que ocupa el trabajador y funciones principales de este. También se incluirá cualquier modificación de tareas o funciones del trabajador.
- Periodos de excedencias del trabajador.
- Salario que percibe e incrementos de salario posteriores al inicio.
- Tipo de contrato que tiene el trabajador con la empresa.

3.3. Documentación fiscal

Como ya se ha comentado anteriormente, el trabajador debe comunicar a la empresa su situación personal y familiar, así como cualquier variación que se produzca en relación a esta para poder determinar qué porcentaje de retención por IRPF debe aplicar la empresa en su nómina.

Toda esta información debe incluirse también en el expediente del trabajador. Concretamente, la documentación fiscal que la empresa debe contener en el expediente del trabajador será la relativa a los siguientes aspectos:

- Situación familiar (casado, divorciado, con hijos, etc.).
- Grado de discapacidad.
- Movilidad geográfica.
- Prolongación de la actividad laboral del trabajador, si este ya ha cumplido los 65 años.
- Satisfacción de una pensión compensatoria a favor del cónyuge por orden judicial, cuando proceda.
- Satisfacción de anualidades por alimentos a favor de los hijos por orden judicial, cuando proceda.

Así, la empresa, deberá conservar a disposición de la Agencia Tributaria los documentos aportados para justificar la situación personal y familiar del trabajador.

3.4. Currículum vítae

Lógicamente, el currículum vítae es el primer documento de los trabajadores de la organización que todo Departamento de Recursos Humanos debe disponer.

Se trata de un documento que recopila, de forma ordenada y esquematizada, toda la información académica y profesional del trabajador, con la finalidad de dar una imagen global de su trayectoria a la empresa para la que va a trabajar.

Eso sí, los datos facilitados en el currículum vítae deben ser objetivos y deben poder demostrarse con documentación adicional, en caso de ser necesario.

Aunque el formato y el contenido del currículum vítae suele diferir según la empresa para la que se postule, todos deben contener una serie de información básica mostrada en la siguiente tabla:

Datos personales

- Nombre y apellidos
- Dirección de residencia
- Fecha de nacimiento
- Teléfono
- Correo electrónico
- Carné de conducir

Datos formativos

- Títulos obtenidos a través de formación reglada (indicando la fecha de obtención del título y el centro de estudios)
- Títulos obtenidos a través de formación no reglada (indicando la fecha de obtención del título y el centro de estudios)

Continúa en página siguiente >>

<< Viene de página anterior

Formación complementaria

- Cursos
- Seminarios
- Conferencias
- Jornadas

(Se debe especificar el nombre de la acción formativa, el centro que la impartió, la duración de esta expresada en horas y la fecha de realización)

Otros datos

- Disponibilidad de vehículo
- Disponibilidad geográfica
- Disponibilidad para incorporación inmediata
- Publicaciones
- Aficiones

3.5. Historial formativo y titulaciones

Además de la mención sobre las titulaciones obtenidas, el trabajador debe justificar dichas titulaciones presentando una copia de toda aquella formación que haya cursado, tanto oficial como de carácter no oficial (másteres, cursos, carnés profesionales, etc.) para dar veracidad a todo lo anunciado en el currículum vítae y demostrar que dispone de la titulación requerida para desempeñar las tareas de su puesto de trabajo.

 Nota

Muchas empresas ya ofrecen a sus trabajadores de forma gratuita formación relacionada con su puesto de trabajo para que puedan especializarse y/o progresar profesionalmente.

3.6. Informes de evaluación del desempeño

Generalmente, en grandes empresas, mantener el control y motivación de todo su personal en plantilla y conseguir que cumpla con sus tareas de forma óptima es una misión realmente ardua.

Para facilitar dicha tarea, se idearon los informes de evaluación del desempeño laboral, que se incluirán también en el expediente de cada trabajador.

Concretamente, la evaluación del desempeño es un proceso a través del cual la empresa valora el rendimiento del trabajador de forma global. Sus características principales son las siguientes:

- Se trata de un proceso continuo. Aunque suele hacerse una entrevista al año, el proceso de evaluación del trabajador se realiza de forma continua.
- Es sistemático, ya que todos los aspectos evaluables están recogidos y protocolizados en un manual elaborado por la misma empresa. De este modo, se consigue valorar a todos los trabajadores de la misma forma y añade objetividad al proceso.
- Incluye una valoración sobre el trabajador, explicando sus puntos fuertes y los aspectos que este puede mejorar.
- Todo lo que se valora sobre el trabajador está relacionado con su rendimiento en el puesto de trabajo, sin mezclar ningún aspecto personal.
- Tiene carácter general, ya que permite evaluar a todo el personal de la empresa, de cualquier nivel y cualquier departamento.

El objetivo de este tipo de informes es obtener información exacta y fiable sobre el modo en el que un trabajador lleva a cabo sus tareas laborales y realiza las funciones de su puesto.

Algunos ejemplos de ítems que pueden valorarse en un informe de evaluación de desempeño de un trabajador son los siguientes:

Aspectos relacionados con la organización personal

- Imagen personal higiénica
- Vestimenta adecuada para el oficio desempeñado
- Utilización de los elementos de protección adecuados (según la actividad realizada)

Datos sobre la emotividad del trabajador

- Asume las críticas de forma óptima
- Tiene fácil adaptación a los cambios
- Valora positivamente sus avances en la empresa

Componente social del trabajador

- Funciona bien trabajando individualmente
- Funciona bien trabajando en equipo
- Muestra respeto hacia los demás
- Colabora con los distintos miembros de la empresa

Adaptación a las reglas internas

- Respeta la normativa interna de la empresa
- Cumple con los horarios
- Avisa las faltas con anterioridad
- Justifica las faltas

Competencias formativas

- Se interesa por seguir formándose en su trabajo
- Entiende bien las instrucciones sobre nuevos procesos

Habilidades y destrezas del trabajador

- Conoce la nomenclatura técnica del oficio
- Utiliza las herramientas de forma apropiada
- Mantiene la limpieza de sus herramientas
- Mantiene la limpieza de las herramientas comunes
- Mantiene un orden en el desarrollo de su trabajo
- Se organiza bien en la realización de sus tareas
- Sabe priorizar las tareas de especial relevancia
- Tiene constancia
- Lleva a cabo sus trabajos siguiendo las normas de seguridad establecidas

Además, generalmente se suele incluir al final del informe una valoración global del trabajador en la que se concluye si ha tenido un desempeño laboral muy bueno, bueno, regular o menos que regular, los motivos que justifican dicha valoración y las sugerencias de mejora.

3.7. Incidencias

A lo largo de la relación laboral suelen producirse determinadas incidencias que pueden afectar de forma directa o indirecta al trabajador.

Estas incidencias también se incluirán en el expediente del trabajador como, por ejemplo, las siguientes:

- Indemnizaciones.
- Cartas de despido.
- Cartas de renuncia.
- Avisos.
- Amonestaciones.
- Partes de bajas.
- Realización de horas extra.
- Pago de anticipos.
- Dietas.
- Ausencias como las siguientes:

  - Faltas al trabajo sin justificar.
  - Periodo vacacional.
  - Huelgas.
  - Faltas justificadas.

Así, por ejemplo, en el caso de una incapacidad temporal del trabajador, el responsable de recursos humanos deberá llevar a cabo la tramitación de la baja y guardar en el expediente una copia de la siguiente documentación:

- Parte de incapacidad temporal remitido a la Tesorería General de la Seguridad Social.

■ Partes de confirmación de dicha incapacidad remitidos a la Tesorería General de la Seguridad Social.

■ Parte de alta de la incapacidad temporal remitido a la Tesorería General de la Seguridad Social.

Los partes de incidencias se suelen clasificar en dos grupos diferenciados: las incidencias justificadas y las incidencias no justificadas, atendiendo a los criterios preestablecidos por la empresa.

3.8. Otras

El apartado "Otras" del expediente del trabajador puede incluir información adicional de este como, por ejemplo, la siguiente:

■ Carta de presentación: acompaña al currículum vítae del trabajador, cuando este se postula para el trabajo para el que está contratado. En la carta se muestran las actitudes, habilidades, destrezas, competencias y motivaciones del trabajador, justificando su interés por la empresa y su valía en su puesto.

■ Cartas de recomendación: se trata de documentos que elaboran tanto personas particulares como empresas y hablan de las virtudes y puntos fuertes del trabajador.

■ Recibos de nóminas o salarios.

■ Documentación relativa a la Seguridad Social.

■ Certificados.

 Actividades

8. Proponga información adicional que podría incluirse en el expediente de un trabajador.

Aplicación práctica

Juan acaba de ser contratado por la empresa Juegos, S. A. ¿Qué datos le va a solicitar la empresa para incluirlos en su expediente?

SOLUCIÓN

Lo primero que tiene que solicitar la empresa a Juan son sus datos personales y sus datos relativos a la Seguridad Social.

En relación a los datos personales, la empresa le solicitará la siguiente información:

I DNI, nombre, apellidos, dirección, teléfono, correo electrónico y número de afiliación a la Seguridad Social.
I Datos sobre su sistema retributivo: modo de pago de la nómina, código de cuenta corriente de su entidad bancaria (CCC), conceptos salariales relevantes.
I Datos sobre su situación familiar a efectos de retención por IRPF (soltero, casado, descendientes, ascendientes a cargo, etc.).

En cuanto a los datos relativos a la Seguridad Social, se le pedirán, principalmente, la titulación que este dispone para acceder a su puesto de trabajo.

Además, se le solicitará la documentación fiscal relativa a su situación personal y familiar (estado civil, dependientes a cargo, etc.).

Por otra parte, Juan también deberá aportar un currículum vítae actualizado. Aunque la empresa ya disponga de él por el proceso de selección, es posible que haya sufrido algunos cambios, por lo que será necesario que Juan lo aporte actualizado.

El currículum, por supuesto, deberá incluir su historial formativo y las distintas titulaciones obtenidas.

3.9. Registro, archivo y almacenamiento de la información

Además de la información a contener en el expediente de un empleado, las organizaciones generan información que necesitan gestionar en una serie de documentos (para mantenerlos en la misma organización o para entregarlos a algún ente externo).

Para un adecuado registro y almacenamiento de la información, la norma ISO 15489 facilita una serie de recomendaciones y propuestas. De este modo, el sistema de gestión de documentos que implante una organización debe garantizar la autenticidad, fiabilidad, integridad y disponibilidad de los documentos, de modo que no sufran modificaciones no deseadas.

Atendiendo a dicha norma ISO, las organizaciones que deseen implantar unas buenas prácticas de gestión de documentación deben ser capaces de documentar, mantener y promulgar una política de gestión de documentos que les permita cubrir sus necesidades de información.

Así, será posible crear y mantener durante el periodo de tiempo necesario documentos que permitan respaldar las distintas actividades de la empresa y probar que estas se están llevando a cabo atendiendo a los requisitos legales y normativos establecidos.

El sistema de gestión de documentación (legal, laboral, normativa, etc.) implica las siguientes tareas:

- Determinar aquellos documentos que deben formar parte del sistema de gestión de documentación: se trata de identificar los documentos que sean necesarios para probar que la empresa está desempeñando sus actividades cumpliendo los procedimientos internos, externos y legales estipulados.
- Determinar el plazo durante el cual se van a conservar los documentos.
- Definir los procesos y crear los instrumentos de gestión de documentación: se trata de especificar los procesos por los que va a pasar la documentación desde el momento de su creación hasta su destino final. En cuanto a herramientas de gestión de documentación, hay tres instrumentos básicos:

  - Cuadro de clasificación: representa jerárquicamente las actividades de la organización, estructurándolas en grupos y atendiendo a las funciones de los empleados, actividades y operaciones de la empresa.
  - Calendario de conservación de documentación: en este calendario se determina cuánto tiempo deben conservarse los documentos

y su tratamiento final (eliminación, transferencia, conservación permanente, etc.).

- Tabla de acceso y seguridad: en esta se determina quién tiene acceso a la documentación y los permisos y derechos de los usuarios. Por ejemplo, al expediente del trabajador solo deberían tener acceso los responsables de recursos humanos y la dirección de la empresa.

- Documentar los procesos de gestión de documentos: se trata de establecer un protocolo por escrito sobre el funcionamiento del sistema de gestión de documentación. Ello supone la redacción de un manual sobre la gestión de la documentación, los procedimientos y las instrucciones de trabajo para que todos los empleados tengan un conocimiento homogéneo sobre cómo tratar la documentación que gestionan.

Tanto la información del empleado como todos los demás datos que gestiona cualquier tipo de empresa deben ser debidamente archivados y almacenados. Para ello, pueden utilizarse dos tipos de soportes:

- **Soporte físico/papel:** crear un sistema de archivadores en el que se almacene la información necesaria de cada empleado (contratos, comunicaciones de datos, partes de alta, partes de baja, justificantes de ausencias, etc.) y cualquier otro tipo de información necesaria para justificar legalmente las actuaciones de la empresa.
- **Soporte electrónico:** además de almacenar la información en papel, cada día es más necesario almacenar la información de los empleados en soporte electrónico para una gestión más eficiente de la misma y evitar posibles pérdidas de documentación. Eso sí, es imprescindible establecer un sistema de gestión de documentación electrónica seguro que permita mantener la fiabilidad de la documentación almacenada. Para ello, los documentos electrónicos deben asociarse a los metadatos necesarios para describir suficientemente los siguientes aspectos:

  - El contenido del documento.
  - El formato del documento y las relaciones entre los elementos que lo integran.
  - El contexto de su creación y utilización.
  - La vinculación existente entre distintos documentos.

El servicio de documentación de textos legales

Atendiendo a los criterios y recomendaciones comentados en el apartado anterior, la empresa debe confeccionar los documentos correspondientes para garantizar y probar la legalidad de sus actividades, especialmente en materia laboral. Por ejemplo, la empresa deberá detectar qué documentación específica debe almacenar para garantizar que todas las relaciones establecidas con los trabajadores se han llevado a cabo cumpliendo la normativa legal.

La empresa debe almacenar una copia del contrato de todos los trabajadores, además de todas las comunicaciones que haya realizado a los empleados, a la Seguridad Social, a la mutua, a los representantes de los trabajadores, a los responsables de prevención de riesgos laborales y a cualquier implicado en la relación laboral.

Para dicho almacenamiento, se recomienda la creación del servicio de documentación de textos legales, en el que se custodie toda la normativa relacionada con la actividad de la empresa, de modo que, si fuese necesario, se pudiera acceder a ella con facilidad y recurrir a lo estipulado en la normativa ante cualquier problema legal.

Siguiendo con lo indicado en el apartado anterior, el sistema de documentación (de textos legales y cualquier tipo de documentación relacionada con la actividad de la organización) deberá crearse teniendo en cuenta las siguientes fases:

- Determinar cuáles serán los documentos necesarios para la organización: convenio colectivo, Estatuto de los Trabajadores, expedientes de los trabajadores, normativa interna, sistemas de control de accesos, etc.
- Creación de los instrumentos de gestión de la documentación: un cuadro de clasificación en el que se determine jerárquicamente qué documentos pertenecen a cada área de la empresa, un calendario de procesamiento de la documentación (por ejemplo, los textos legales requieren una revisión continua por las actualizaciones periódicas que sufren) y una tabla de accesos y seguridad que solo permita a los responsables de cada área el acceso a los documentos correspondientes.

- Proceso de gestión de la documentación, en el cual se establecerá un protocolo y un manual de tratamiento de la documentación.

4. Las comunicaciones en la gestión administrativa del personal

La comunicación en una organización es un elemento de especial importancia para el desarrollo del día a día, ya que, con ellas, la empresa se relaciona con su entorno. La comunicación busca tres objetivos fundamentales:

- Informar al interesado.
- Convencer al interesado.
- Persuadir al interesado.

El proceso de comunicación se resume en la siguiente imagen:

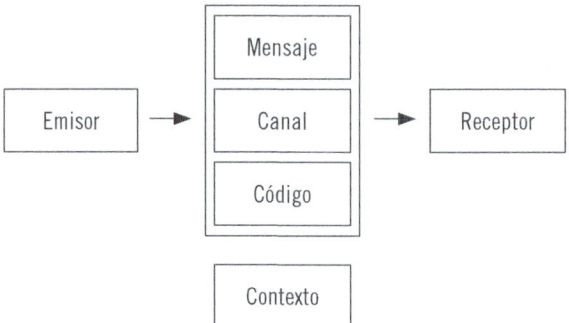

En términos generales, hay un emisor que emite un mensaje que, a su vez, es recibido por el receptor. El mensaje se transmitirá por un canal (teléfono, correo electrónico, etc.) y utilizando un código (idioma, etc.) determinado. Posteriormente, el receptor, una vez ya dispone del mensaje, facilita al emisor otro mensaje para que haya retroalimentación en el proceso de comunicación.

Recuerde

En la gestión administrativa del personal de una empresa, las comunicaciones que se llevan a cabo pueden ser de dos tipos: interna y externa.

Las comunicaciones internas son aquellas que se realizan con otras personas o departamentos que forman parte de la misma empresa, mientras que las comunicaciones externas son aquellas que tiene la empresa con personas o entidades ajenas a esta como, por ejemplo, las Administraciones, proveedores, clientes, etc.

Una comunicación interna óptima debe intentar conseguir los siguientes aspectos:

- Incentivar la acción a los empleados.
- Coordinar el esfuerzo de los trabajadores para lograr los objetivos marcados por la organización.
- Facilitar el proceso de toma de decisiones.
- Propiciar un entorno laboral óptimo.
- Fomentar e impulsar el aprendizaje y la innovación de los empleados a través del intercambio de ideas entre ellos.
- Desarrollar el talento de las personas.
- Reducir la resistencia al cambio de los empleados.

En los siguientes subapartados se van a analizar los distintos procesos de comunicación y la información transmitida por parte del Departamento de Recursos Humanos a los siguientes colectivos:

- Interesado.
- Áreas implicadas en la administración de recursos humanos.
- Representantes de los trabajadores.

- Seguridad Social.
- Jurisdicción social.
- Otras comunicaciones.

4.1. Con el interesado

En la mayoría de las ocasiones, la comunicación con los empleados se deja en un segundo plano cuando debería ser todo lo contrario, ya que los empleados, al fin y al cabo, son el pilar de la organización y los que van a ayudar a alcanzar el éxito de esta.

En este sentido, la empresa debe mostrar un cierto compromiso con los empleados para favorecer un vínculo establecido entre ellos, motivarlos, implicarlos en la actividad empresarial y retener su talento de cara al futuro.

Hay determinadas comunicaciones con el empleado que deben hacerse por escrito y teniendo en cuenta, en todo momento, lo establecido en la Ley Orgánica de Protección de Datos de Carácter Personal y garantía de los derechos digitales.

Al inicio de la relación laboral, el Departamento de Recursos Humanos comunicará al interesado la siguiente información:

- Documentación que este debe aportar (DNI, títulos, etc.).
- Condiciones laborales del trabajador y normativa relacionada en vigor.
- Contrato formalizado.
- La comunicación de su alta a los órganos internos y externos afectados (nóminas, Seguridad Social, etc.).

Además, también se le facilitará la siguiente información a lo largo de su relación laboral:

- Con carácter mensual, su nómina.
- Con carácter anual, el certificado de retenciones a cuenta del IRPF.
- Modificaciones sustanciales de sus condiciones de trabajo.
- Sanciones.
- En caso de despido: carta de despido y copia del finiquito.

4.2. Con las áreas implicadas en la administración de recursos humanos

Aunque un gran número de empresas disponen de un Departamento de Recursos Humanos (RR. HH.), las empresas más pequeñas suelen carecer de él y, generalmente, el mismo responsable de la organización es el encargado de establecer comunicaciones con los empleados.

En aquellas empresas en las que se disponga de Departamento de Recursos Humanos, este deberá llevar a cabo numerosas tareas, lo que implicará un agrupamiento y reparto de las distintas áreas para que puedan desempeñar sus funciones de forma óptima y organizada.

Un ejemplo de agrupamiento de las funciones del Departamento de Recursos Humanos podría ser el siguiente:

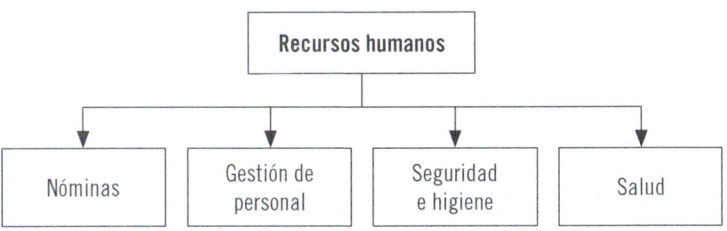

Por otra parte, se pueden encontrar también las funciones de recursos humanos divididas en dos secciones:

- **Empleo:** se encarga de toda la documentación relativa a los siguientes aspectos:

  - Planificación de plantillas.
  - Descripción de los puestos de trabajo.
  - Definición de los perfiles profesionales de cada puesto.
  - Procesos de selección de personal.

- **Administración de personal:** se encarga de la siguiente documentación:

▮ Sistemas retributivos.

▮ Diseño de itinerarios profesionales.

Sea como fuere, para lograr una comunicación efectiva con las áreas implicadas en la administración de recursos humanos, deberán tenerse en cuenta los siguientes aspectos:

■ Debe mantenerse y controlar el fichero de personal actualizado en el soporte informático o documental establecido por la normativa.

■ La información del empleado debe estar debidamente archivada y registrada en el soporte adecuado.

■ Debe informarse a los empleados y a las áreas implicadas en su administración sobre las normas de comunicación de variación de datos del personal.

■ La información sobre estas variaciones debe recibirse o comunicarse en tiempo y forma establecidos a los afectados.

■ Deben comunicarse todas las incidencias detectadas a los departamentos afectados, con exactitud, rapidez y claridad.

4.3. Con los representantes de los trabajadores

Para todo Departamento de Recursos Humanos, la comunicación con los representantes de los trabajadores es fundamental, ya que ejercen la función de mediadores y, a través de ellos, se pueden negociar convenios colectivos e implementar políticas de personal en la organización.

En este sentido, por ley, la empresa debe emitir determinadas comunicaciones a los representantes de los trabajadores:

■ Comunicación de cualquier modificación sustancial de las condiciones de trabajo que afecte a un trabajador determinado e información sobre las condiciones laborales de este.

■ Copia básica de todos los contratos, exceptuando los de la alta dirección.

■ Comunicación de las previsiones de la empresa en relación a nuevas contrataciones. También debe comunicar las distintas modalidades de contratos que tiene previsto llevar a cabo en dichas contrataciones.

- Documentación sobre finalizaciones y extinciones de contratos.
- Información sobre los contratos que la empresa llevó a cabo a través de empresas de trabajo temporal o ETT.
- Información relacionada con la subcontratación, sucesión y transmisión del negocio.
- Información sobre las sanciones por faltas muy graves de los trabajadores.
- Medidas establecidas para la prevención de riesgos laborales.

Además, la empresa debe encargarse de:

- Gestionar el cumplimiento de los derechos y obligaciones laborales y sindicales acordados.
- Facilitar los recursos materiales requeridos para cumplir los acuerdos establecidos con los representantes sindicales.
- Distribuir a los órganos competentes toda la información generada por la aplicación de acuerdos o por el mismo desarrollo de la actividad.

4.4. Con la Seguridad Social

Actualmente, las empresas ya pueden enviar la documentación relativa al personal telemáticamente a través de internet. En cuanto a la gestión administrativa del personal, deberá comunicarse a la Seguridad Social la siguiente información:

- Solicitud de afiliación del trabajador a la Seguridad Social cuando esté desempeñando su primer trabajo (a través del Modelo TA.1).
- Solicitud de alta del trabajador a la Seguridad Social, anteriormente al inicio de la actividad (a través del Modelo TA.2/S o TA.2/S-simplificado).
- Solicitud de variación de datos, cuando proceda (a través del Modelo TA.2/S).
- Solicitud de baja del trabajador (con el Modelo TA.2/S).
- Partes de baja, confirmación de esta y partes de alta.
- Relación nominal de los trabajadores (Modelo RNT).
- Recibo de liquidación de cotizaciones (Modelo RLC).

En términos generales, las comunicaciones con la Seguridad Social deben basarse en los siguientes aspectos:

- Supervisar la realización y el abono de las nóminas, aplicando la legislación en vigor.
- Asegurar que la información necesaria para el abono de la nómina se ha registrado de forma correcta (retribución fija y variable, incidencias, convenio, etc.).
- Cumplimentar las nóminas y las órdenes de pago de forma correcta.
- Preparar los documentos oficiales de pago delegado en los plazos establecidos.
- Registrar e informar de los pagos realizados al departamento correspondiente para su registro contable.

4.5. Con la jurisdicción social

Por otra parte, el Departamento de Recursos Humanos debe establecer comunicaciones con la jurisdicción social cuando se produzca algún conflicto con uno o varios trabajadores que no hayan podido resolverse por otras vías.

Los documentos a remitir a la jurisdicción social son oficiales y pueden estar relacionados con varias casuísticas como, por ejemplo, las siguientes:

- Conflictos colectivos.
- Extinción de contratos.
- Despidos.
- Clasificación profesional.
- Impugnaciones.
- Conflictos generados por la conciliación de la vida laboral y familiar.
- Vacaciones.
- Sanciones.
- Permisos.
- Reducciones de jornada.
- Cuestiones relativas a la Seguridad Social.

Ante todas estas casuísticas, la documentación más habitual a aportar a la jurisdicción social son demandas y expedientes de trabajadores.

Actividades

9. Proponga varios conflictos en los que se termine acudiendo a la jurisdicción social.

 Aplicación práctica

Marta acaba de ser contratada por la empresa Muebles Varios, S. L. Indique a qué unidades implicadas en la administración, gestión y representación de los trabajadores deberá informar la empresa de la nueva situación de alta de Marta, en tiempo y forma.

SOLUCIÓN

Al inicio de la relación laboral, el Departamento de Recursos Humanos debe comunicar a Marta la siguiente información:

I Documentación que esta debe aportar (DNI, títulos, etc.).
I Condiciones laborales de la trabajadora y normativa relacionada en vigor.
I Contrato formalizado.
I La comunicación de su alta a los órganos internos y externos afectados (nóminas, Seguridad Social, etc.).

Por otra parte, la empresa deberá informar a los representantes de los trabajadores, ya que estos ejercen la función de mediadores. Concretamente, la empresa debe comunicar una copia básica del contrato de Marta y, en consecuencia, su situación de alta.

Por último, en relación a la Seguridad Social, el Departamento de Recursos Humanos deberá remitir la siguiente información:

I Solicitud de afiliación de la trabajadora a la Seguridad Social, si Marta está desempeñando su primer trabajo (a través del Modelo TA.6).
I Solicitud de alta de la trabajadora a la Seguridad Social, anteriormente al inicio de la actividad (a través del Modelo TA.7).

La empresa podrá hacer estas gestiones de forma telemática a través de internet.

4.6. Otras comunicaciones

Además de las comentadas en los apartados anteriores, la empresa puede emitir otras comunicaciones a los empleados y agentes externos de esta como, por ejemplo, los certificados de empresa o los avisos, entre otras.

Hay varios modos básicos de flujos de información entre los miembros de una organización:

- **Comunicación ascendente:** comunicación de empleados a sus superiores. Se utiliza para informar sobre los resultados de las tareas desempeñadas.
- **Comunicación descendente:** comunicación de empleados a sus subordinados. Se utiliza para transmitir indicaciones sobre las tareas que los subordinados deben realizar, además de informar sobre normas, procedimientos y protocolos establecidos.
- **Comunicación horizontal:** comunicación entre empleados del mismo rango. Se utiliza para mejorar la coordinación del trabajo y la planificación de las actividades.

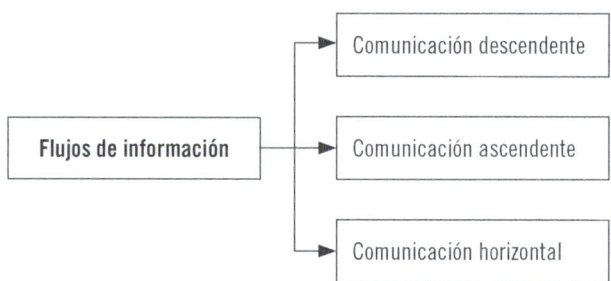

5. Procedimientos de seguridad y control de asistencia

En la gran mayoría de las empresas existen sistemas de inspección y control de su personal que dependen directamente del Departamento de Recursos Humanos.

La finalidad de estos sistemas es ejercer un control disciplinario sobre los empleados para conocer el tiempo que estos permanecen en las instalaciones de la organización, el seguimiento de los horarios y la asistencia a sus puestos de trabajo habituales.

De este modo, con un control adecuado de la asistencia de los trabajadores, el Departamento de Recursos Humanos puede programar la sustitución del personal ausente por causas diversas.

Por ello, las funciones de cada trabajador deben estar bien definidas y, para cada uno de ellos, debe asignarse un trabajador sustituto provisional que sea capaz de desempeñar dichas funciones en el caso de producirse una ausencia del trabajador principal.

Así, es imprescindible que la empresa elabore un organigrama en el que se establezca una jerarquía de funciones y unos responsables de departamento que sean capaces de redistribuir las funciones de los empleados que tienen a cargo para poder suplir de forma temporal cualquier incidencia relacionada con el ausentismo laboral.

En el caso en el que dicho ausentismo sea a largo plazo y su sustituto no sea capaz de asumir tanta carga de trabajo, la empresa debe plantearse la contratación de personal de apoyo para que no quede mermada la productividad y rentabilidad de sus actividades.

5.1. Con el interesado

Una de las tareas más relevantes del Departamento de Recursos Humanos es el control del absentismo laboral, es decir, el control de las ausencias (justificadas o no justificadas) de los trabajadores de una organización.

Es importante remarcar que el absentismo laboral se considera causa de extinción del contrato de trabajo por voluntad de la empresa, siempre que no se justifique la causa objetiva de la ausencia.

Los absentismos justificados por incapacidad temporal se controlan a través de los partes médicos y de las mutuas laborales. De este modo, se permite su cuantificación e identificación de las causas que los provocan.

La justificación de las faltas de asistencia ya no corresponde al trabajador que se encuentra en situación de incapacidad temporal.

Los facultativos del servicio público de salud o de la mutua remiten al Instituto Nacional de la Seguridad Social (INSS) los datos relativos a los partes médicos de baja, confirmación y alta. Este organismo es el encargado de comunicar a la empresa los trabajadores que se encuentran en situación de incapacidad temporal. Esta comunicación se realiza a través del sistema RED (Fichero INSS EMPRESAS), al día siguiente hábil de la recepción de los datos por parte del INSS.

La empresa tiene la obligación de enviar a través de sistema RED, de forma inmediata o en el plazo máximo de tres días hábiles desde la recepción de la comunicación de la baja, los datos que se especifican en el anexo III de la Orden ESS/1187/2015, de 15 de junio.

 Nota

Cuando el trabajador sea de un colectivo por el cual la empresa no esté obligada a utilizar el sistema RED, no es obligatoria la remisión de los datos relacionados con las bajas médicas.

Por otro lado, las ausencias injustificadas se relacionan con incumplimientos en horarios de trabajo (cuando el trabajador sale a fumar, cuando no asiste al trabajo sin justificación, etc.).

Para controlar dichas ausencias, la empresa puede autorizar la limitación del acceso a internet y a otras herramientas innecesarias para el desarrollo de sus tareas, siempre que no se vulneren los derechos fundamentales del trabajador.

La empresa deberá incluir la información relativa a cualquier incidencia como, por ejemplo, los datos de altas y bajas por enfermedad, accidente de trabajo, horas extraordinarias u otras incidencias que afecten al control del personal en el expediente del trabajador, de modo que se permita conocer en todo momento los trabajadores disponibles y las incidencias acontecidas.

Así, en el expediente del trabajador se incluirán las incidencias cumplimentando la siguiente información:

- **Partes de altas y bajas por enfermedad:** fecha de alta/baja, partes emitidos por los servicios médicos, tipo de enfermedad (profesional, enfermedad común, etc.).
- **Accidente de trabajo:** informe del responsable de prevención de riesgos laborales, tipo de accidente sucedido y causas del mismo, lesiones ocasionadas en el trabajador, fecha del hecho causante, medidas correctoras implantadas.
- **Horas extraordinarias:** día en el que se han desempeñado dichas horas extra y horario en el que se han desarrollado, junto con el motivo que lo ha ocasionado.

Seguridad de los datos

En relación a la seguridad de los datos, en cumplimiento de la Ley Orgánica de Protección de Datos y garantía de los derechos digitales (Ley Orgánica 3/2018, de 5 de diciembre), la empresa debe recabar el consentimiento de los trabajadores cuyos datos personales van a ser tratados en su gestión.

Además, la empresa deberá informar al interesado sobre los derechos de acceso, rectificación, supresión, limitación del tratamiento, portabilidad y oposición, así como la identidad del responsable del tratamiento y la finalidad del mismo.

5.2. Con las áreas implicadas en la administración y gestión de recursos humanos, en cumplimiento de la legalidad vigente

Cada vez más, las empresas suelen instalar equipos electrónicos de vigilancia para poder ejercer un control del personal, tanto propio como ajeno, fundamentalmente por dos motivos:

- Motivos de seguridad.
- Supervisar el debido cumplimiento de las obligaciones laborales por parte de los trabajadores.

Estos equipos cada vez son más sofisticados y disponen de múltiples funcionalidades como las siguientes:

- Grabación de imágenes.
- Grabación de imagen y sonido.
- Grabación y reproducción de audio.

La grabación de imágenes y audios de los trabajadores es sumamente delicada, ya que debe tenerse en cuenta toda la legislación que protege los derechos del trabajador.

En definitiva, se genera la discrepancia entre la necesidad de controlar a los trabajadores y el derecho del empresario de controlar la actividad laboral y el derecho a la intimidad del trabajador.

Respecto a esta cuestión, el artículo 20.3 del Estatuto de los Trabajadores comenta lo siguiente:

> *El empresario podrá adoptar las medidas que estime más oportunas de vigilancia y control para verificar el cumplimiento por el trabajador de sus obligaciones y deberes laborales, guardando en su adopción y aplicación la consideración debida a su dignidad y teniendo en cuenta, en su caso, la capacidad real de los trabajadores con discapacidad.*

Sin embargo, el artículo 4 del Estatuto de los Trabajadores protege el derecho al trabajador de ser respetada su intimidad. Concretamente, se manifiesta que el trabajador tiene derecho:

> *Al respeto de su intimidad y a la consideración debida a su dignidad, comprendida la protección frente al acoso por razón de origen racial o étnico, religión o convicciones, discapacidad, edad u orientación sexual, y frente al acoso sexual y al acoso por razón de sexo.*

Asimismo, el artículo 18 del mismo estatuto habla de la inviolabilidad de la persona del trabajador, recogiendo el derecho básico de este de mantener su intimidad:

Solo podrán realizarse registros sobre la persona del trabajador, en sus taquillas y efectos particulares, cuando sean necesarios para la protección del patrimonio empresarial y del de los demás trabajadores de la empresa, dentro del centro de trabajo y en horas de trabajo. En su realización se respetará al máximo la dignidad e intimidad del trabajador y se contará con la asistencia de un representante legal de los trabajadores o, en su ausencia del centro de trabajo, de otro trabajador de la empresa, siempre que ello fuera posible.

Como se puede deducir del artículo, la figura del representante de los trabajadores es fundamental para garantizar y respetar la dignidad e intimidad del trabajador, ya que será misión del representante prestar la asistencia al trabajador cuando se produzca alguna controversia al respecto.

Por ejemplo, en relación a la grabación de imágenes, la videovigilancia implica la captación y grabación de información personal del trabajador, lo que puede generar una intromisión a su intimidad y el incumplimiento de la Ley de Protección de Datos de Carácter Personal y garantía de los derechos digitales.

Por ello, es imprescindible que el responsable del tratamiento de los datos personales de los miembros de la empresa vele, en todo momento, por la seguridad de estos, adoptando todas aquellas medidas que sean necesarias para evitar su pérdida o manipulación y garantizar su seguridad.

En empresas de más de 250 trabajadores, el responsable y el encargado del tratamiento deben llevar un registro de las actividades de tratamiento que han llevado a cabo.

Cualquier tipo de incidencia detectada con estos sistemas de control del personal debe ser informada a las unidades implicadas y a los órganos competentes con exactitud, claridad y rapidez.

Así, aquel que lo detecte deberá informar al responsable de personal para que lleve a cabo las acciones oportunas de forma inmediata. Además, en caso de ser necesario, deberá comunicar cualquier variación de la situación del trabajador a la Seguridad Social (por ejemplo, si se ha descubierto que el trabajador estaba incumpliendo normas importantes y ha sido despedido), a los comités de empresa y al departamento interno de la empresa responsable del trabajador que ocasionó la incidencia. Por ejemplo, si se detecta una irregularidad de un comercial y este es despedido, debe informarse al responsable del departamento de ventas para que distribuya las tareas del trabajador despedido hasta que se contrata a un nuevo trabajador que lo sustituya.

Para que la comunicación entre los distintos interesados sea fluida y eficiente, es imprescindible que el responsable de personal controle y mantenga actualizado el fichero de personal; indicando en todo momento todas las incidencias acontecidas y el protocolo de actuación que debe llevarse a cabo (y quién debe realizar cada tarea) en el caso de producirse cualquier otro tipo de incidencia.

Por ejemplo, si un trabajador por enfermedad común se da de baja, el responsable de personal deberá introducir dicha información en el fichero de personal para que se comunique debidamente a la Seguridad Social, se calcule correctamente la nómina de dicho trabajador, se prevea la sustitución del empleado mientras dura dicha situación, etc.

6. Resumen

La comunicación interna dentro de cualquier organización no debe ser vista simplemente como una vía de comunicación del empresario al trabajador; todo lo contrario.

La comunicación interna de las empresas debe entenderse como un canal de comunicación bidireccional en el que, efectivamente, el empresario debe informar al trabajador de todos los aspectos relevantes relativos al vínculo laboral y, además, el trabajador debe comunicar a la empresa cualquier información de interés que pueda influir en su relación laboral.

Es más, es obligación del trabajador comunicar a la empresa todas las variaciones de sus datos que puedan ser relevantes para la confección de sus nóminas y para el cálculo de la retención por IRPF que debe practicársele.

Toda la información relevante de un trabajador en su ámbito laboral se almacena en un documento llamado expediente del trabajador. Este expediente contiene todos los datos significativos del trabajador en cuanto a su formación, tareas que desempeña, trabajos realizados en la empresa, habilidades y destreza, experiencia previa, etc.

Con carácter general, esta información se recopila al inicio de la relación laboral (incluso en el momento de firmar el contrato) pero siempre hay cierta información (como nuevas titulaciones adquiridas, por ejemplo) que debe actualizarse cada cierto tiempo para tener la información correcta y precisa del trabajador.

Para que la información contenida en dicho expediente refleje su situación real y esté actualizada, es necesario establecer una vía de comunicación con los empleados para que estos comuniquen cualquier variación de su situación personal o laboral.

Además, la empresa deberá establecer procesos de comunicación con otros agentes como los siguientes: áreas implicadas en la administración de recursos humanos, representantes de los trabajadores, Seguridad Social, jurisdicción social y otras comunicaciones.

Por último, para llevar un control adecuado de sus trabajadores, las empresas utilizan sistemas de inspección y control de su personal que dependen directamente del Departamento de Recursos Humanos. Eso sí, para ello, debe tener en cuenta todos los preceptos legales que protegen los derechos de intimidad y dignidad del trabajador, siendo la ley más importante la LOPDGDD.

Ejercicios de repaso y autoevaluación

1. Complete el siguiente esquema con la información que puede incluirse en el expediente del trabajador:

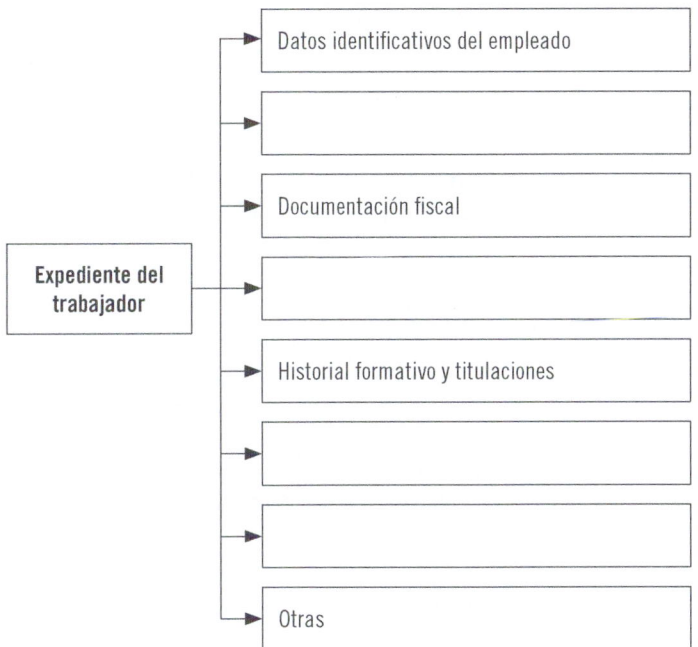

Expediente del trabajador

- Datos identificativos del empleado
-
- Documentación fiscal
-
- Historial formativo y titulaciones
-
-
- Otras

2. Complete la siguiente oración:

El empresario está obligado a solicitar el alta y la _____ de un trabajador y a comunicar las variaciones de datos identificativos y _____ de todos sus empleados, cumplimentando el modelo oficial _____. No obstante, si hay mutuo acuerdo, el trabajador puede asumir esta obligación, siempre que su actividad laboral no supere las _____ h mensuales por empleador.

3. Ponga ejemplos de variación de datos sobre la situación familiar del trabajador que debe comunicar el trabajador a la empresa a efectos de IRPF.

_____
_____
_____
_____
_____
_____
_____

4. Indique cuál es el modelo que debe cumplimentar el trabajador para comunicar la variación de su situación familiar a efectos de IRPF.

    a. Modelo 140.
    b. Modelo 145.
    c. Modelo 245.
    d. Modelo 110.

5. ¿Cuáles son las formas adecuadas para informar a los empleados de la normativa interna relacionada con el control de presencia?

_____
_____
_____
_____

6. Complete la siguiente oración:

El empresario podrá adoptar las medidas que estime más oportunas de _____ y control para verificar el cumplimiento por el trabajador de sus _____ y deberes laborales, guardando en su adopción y aplicación la consideración debida a su _____ humana y teniendo en cuenta la capacidad real de los trabajadores _____, en su caso.

7. Ponga ejemplos de aspectos relacionados con la presencia del trabajador en las instalaciones que pueden ser regulados a través de normativa interna.

_____
_____
_____
_____
_____
_____
_____

8. ¿Cuáles de los siguientes datos personales se pueden incluir en el expediente de un trabajador?

    a. DNI.
    b. Número de afiliación a la Seguridad Social.
    c. Número de socio de la Cruz Roja.
    d. Todas las opciones son correctas.

9. Indique cuáles aspectos sobre contratos y modificaciones se incluyen en el expediente del trabajador.

_____
_____
_____
_____

10. Complete la siguiente tabla con los ítems generales que pueden valorarse en un informe de evaluación de desempeño del trabajador:

Aspectos relacionados con la organización personal
Componente social del trabajador
Competencias formativas

Glosario

Afiliación a la Seguridad Social
Acto administrativo a través del cual la Tesorería General de la Seguridad Social reconoce como incluida a su sistema a una persona física que realiza por primera vez una actividad laboral (determinante de su inclusión).

Alta de un trabajador
Acto administrativo por el que se constituye la relación jurídica con la Seguridad Social.

Baja de un trabajador
Es un acto administrativo, pero, al contrario que en el alta, se extingue dicha relación jurídica con la Seguridad Social.

Código de Cuenta de Cotización
Código que se asigna al empresario para que pueda identificarse ante la Seguridad Social cuando realice cualquier trámite con dicho organismo.

Contrato de trabajo
Acuerdo de voluntades entre dos partes, contratado y empleador, a través del cual se originan una serie de derechos y obligaciones para ambas partes. En el contrato de trabajo se establecen las condiciones que deben cumplir cada una de las partes durante la vigencia del mismo. Además, se establece también la entrega de una remuneración por parte del empresario al trabajador, a cambio de la prestación laboral de este.

Contrato de formación para la práctica profesional
Este contrato tiene como finalidad fundamental lograr que el trabajador logre la práctica profesional adecuada al nivel de estudios que ha cursado.

Contrato indefinido ordinario
Aquel en el que no hay un límite de tiempo estipulado para la finalización de la relación laboral, es decir, no hay una duración determinada del contrato de trabajo.

Contrato de formación en alternancia
La finalidad de este contrato es compatibilizar la actividad laboral retribuida con los correspondientes procesos formativos en el ámbito de la formación profesional, los estudios universitarios o del Catálogo de especialidades formativas del Sistema Nacional de Empleo.

Contrato temporal

Los contratos temporales son aquellos que tienen por finalidad establecer una relación laboral entre el empresario y el trabajador por un tiempo determinado. Este tipo de contratos, igual que los de carácter indefinido, pueden celebrarse a jornada completa y parcial.

Cuotas de cotización

Aportaciones económicas que deben realizar tanto el trabajador como la empresa a la Seguridad Social con carácter mensual.

Empresas de trabajo temporal (ETT)

Aquellas que tienen como actividad principal poner trabajadores contratados por ellas a disposición de otra empresa, siempre con carácter temporal.

Indemnización

Prestación económica ofrecida por el Sistema de la Seguridad Social que solo se abona una vez por una misma causa y persona.

Indicador público de rentas de efectos múltiples (IPREM)

Indicador que se utiliza como referencia para establecer determinados importes de prestaciones y para determinar umbrales de acceso a ciertas prestaciones, beneficios y servicios sociales.

Instituto Nacional de la Seguridad Social (INSS)

Entidad gestora de la Seguridad Social que cuenta con personalidad jurídica propia y que se encuentra adscrita al Ministerio de Trabajo y Economía Social. Se encarga de gestionar y administrar las prestaciones económicas del sistema de la Seguridad Social, exceptuando aquellas funciones cuya gestión esté asignada directamente a las Comunidades Autónomas.

Movilidad geográfica

Aquella que se origina por el traslado o desplazamiento del trabajador a otro centro de trabajo, ubicado en otra localidad, que le implique a este un cambio de residencia.

Nivel contributivo

Aquel en el que se garantiza una protección adecuada en las contingencias y situaciones definidas legalmente a las personas comprendidas en el campo de aplicación de la prestación, por el hecho de desempeñar una actividad profesional, y a los familiares o asimilados que tuviesen a cargo.

Nivel no contributivo

Aquel que protege con prestaciones no contributivas a personas que, por cualquier causa, no han cotizado nunca o no lo suficiente para poder causar derecho a sus prestaciones y que, además, no disponen de recursos suficientes para mantener un nivel mínimo de vida.

Número de la Seguridad Social de un trabajador

Código de carácter vitalicio que se utiliza para identificar al trabajador dentro del sistema de la Seguridad Social.

Pensión

Prestación económica ofrecida por el Sistema de la Seguridad Social, que se devenga periódicamente y se percibe de forma vitalicia o hasta llegar a una edad determinada.

Prestaciones económicas por incapacidad
Aquellas que se originan para cubrir situaciones de necesidad de los trabajadores causadas por la pérdida del salario en los casos en los que estos no pueden desempeñar su actividad laboral.

Salario mínimo interprofesional (SMI)
Indicador que establece el importe mínimo que debe percibir todo trabajador realizando una jornada laboral de trabajo, sin distinguir sexo o edad de los trabajadores e independientemente del tipo de contrato por el que desempeñen su trabajo.

Servicio Público de Empleo Estatal o SEPE
Organismo autónomo que está adscrito al Ministerio de Trabajo y Economía Social, y forma, junto con los distintos servicios públicos de empleo de las Comunidades Autónomas, el Sistema Nacional de Empleo.

Subsidio
Prestación económica ofrecida por el sistema de la Seguridad Social que se devenga periódicamente y tiene una duración temporal.

Tesorería General de la Seguridad Social (TGSS)
Servicio común de la Seguridad Social que tiene personalidad jurídica propia y actúa bajo la tutela del Ministerio de Trabajo y Economía Social. Por aplicación de los principios de solidaridad financiera y caja única, en la TGSS están unificados la administración financiera del sistema de la Seguridad Social y todos los recursos económicos.

Traslado colectivo de trabajadores
Se entiende por traslado colectivo de trabajadores cuando la movilidad geográfica afecte a todos los trabajadores de un centro de trabajo, siempre que este tenga más de cinco.

Traslado voluntario
Aquel en el que el trabajador solicita un cambio a otro centro de trabajo de forma voluntaria. Del mismo modo, dicho cambio implicará cambio de residencia.

Bibliografía

Monografías

❙ MONTOYA Melgar, A.: *Derecho del trabajo.* Madrid: Tecnos, 2021.

❙ MONTOYA Melgar, A.: *Curso de procedimiento laboral.* Madrid: Tecnos, 2019.

❙ ORELLANA García, J. M.: *Lecciones de Seguridad Social.* Madrid: Centro de Estudios Financieros (CEF), 2022.

❙ VV. AA.: *Estatuto de los Trabajadores.* Málaga: Editorial Ley 57, 2022.

❙ VV. AA.: *Memento Práctico Seguridad Social 2023.* Madrid: Francis Lefrevre, 2023.

❙ VV. AA.: *Memento Práctico Social 2023.* Madrid: Francis Lefevre, 2023.

Textos electrónicos, bases de datos y programas informáticos

❙ Ministerio de Trabajo y Economía Social, de: <https://www.mites.gob.es/>.

❙ Seguridad Social, de: <http://www.seg-social.es>.

❙ SEPE (Servicio Público de Empleo Estatal), de: <http://www.sepe.es>.